Theorien der Intersektionalität zur Einführung

Katrin Meyer

Theorien der Intersektionalität zur Einführung

JUNIUS

Junius Verlag GmbH
Stresemannstraße 375
22761 Hamburg
www.junius-verlag.de

Umschlaggestaltung: Florian Zietz
Titelbild: Leda Ratti, Kunstweberin, Bellinzona TI
Satz: Junius Verlag GmbH
Printed in the EU 2023
ISBN 978-3-88506-782-5
2., ergänzte Auflage 2023

Die Deutsche Nationalbibliothek – CIP-Einheitsaufnahme

Bibliografische Information der Deutschen Nationalbibliothek
Die Deutsche Nationalbibliothek verzeichnet diese Publikation in der Deutschen Nationalbibliografie; detaillierte bibliografische Daten sind im Internet über http://dnb.dnb.de abrufbar

Zur Einführung ...

... hat diese Taschenbuchreihe seit ihrer Gründung 1977 gedient. Zunächst als sozialistische Initiative gestartet, die philosophisches Wissen allgemein zugänglich machen und so den Marsch durch die Institutionen theoretisch ausrüsten sollte, wurden die Bände in den achtziger Jahren zu einem verlässlichen Leitfaden durch das Labyrinth der neuen Unübersichtlichkeit. Mit der Kombination von Wissensvermittlung und kritischer Analyse haben die Junius-Bände stilbildend gewirkt.

Seit den neunziger Jahren reformierten sich Teile der Geisteswissenschaften als Kulturwissenschaften und brachten neue Fächer und Schwerpunkte wie Medienwissenschaften, Wissenschaftsgeschichte oder Bildwissenschaften hervor. Auch im Verhältnis zu den Naturwissenschaften sahen sich die traditionellen Kernfächer der Geisteswissenschaften neuen Herausforderungen ausgesetzt. Diesen Veränderungen trug eine Neuausrichtung der Junius-Reihe Rechnung, die seit 2003 von der verstorbenen Cornelia Vismann und zwei der Unterzeichnenden (M.H. und D.T.) verantwortet wurde.

Ein Jahrzehnt später erweisen sich die Kulturwissenschaften eher als notwendige Erweiterung denn als Neubegründung der Geisteswissenschaften. In den Fokus sind neue, nicht zuletzt politik- und sozialwissenschaftliche Fragen gerückt, die sich produktiv mit den geistes- und kulturwissenschaftlichen Problemstellungen vermengt haben. So scheint eine erneute Inventur der Reihe sinnvoll, deren Aufgabe unverändert darin besteht, kompetent und anschaulich zu vermitteln, was kritisches Denken und Forschen jenseits naturwissenschaftlicher Zugänge heute zu leisten vermag.

Zur Einführung ist für Leute geschrieben, denen daran gelegen ist, sich über bekannte und manchmal weniger bekannte Autor(inn)en und Themen zu orientieren. Sie wollen klassische Fragen in neuem Licht und neue Forschungsfelder in gültiger Form dargestellt sehen.

Zur Einführung ist von Leuten geschrieben, die nicht nur einen souveränen Überblick geben, sondern ihren eigenen Standpunkt markieren. Vermittlung heißt nicht Verwässerung, Repräsentativität nicht Vollständigkeit. Die Autorinnen und Autoren der Reihe haben eine eigene Perspektive auf ihren Gegenstand, und ihre Handschrift ist in den einzelnen Bänden deutlich erkennbar.

Zur Einführung ist in der Hinsicht traditionell, dass es den Stärken des gedruckten Buchs – die Darstellung baut auf Übersichtlichkeit, Sorgfalt und reflexive Distanz, das Medium auf Handhabbarkeit und Haltbarkeit – auch in Zeiten liquider Netzpublikationen vertraut.

Zur Einführung bleibt seinem ursprünglichen Konzept treu, indem es die Zirkulation von Ideen, Erkenntnissen und Wissen befördert.

Michael Hagner
Ina Kerner
Dieter Thomä

Inhalt

Anhang

Einleitung

Im Jahr 1851 erkämpfte sich die ehemalige Sklavin Sojourner Truth bei einem Treffen der Women's Rights Convention in Ohio gegen den Widerstand weißer Feministinnen im Saal das Rednerpult und fragte ins Publikum: ›Ain't I a woman?‹ Bin ich nicht eine Frau? Sie sei zwar als Sklavin von den weißen Sklavenhaltern nie wie die weißen Frauen im Herrenhaus auf Händen getragen worden und sie habe genauso hart arbeiten müssen wie ihre männlichen Mitsklaven, aber, so ihr Fazit: Bin ich nicht eine Frau? Diese Frage und die Bedeutung, die Truth ihrer Erfahrung als ehemalige Sklavin in den USA in einer feministischen Öffentlichkeit gab, kann als eine der Geburtsstunden intersektionaler Theorie *avant la lettre* bezeichnet werden. In der Intervention von Truth kommen zwei Motive zusammen, die für Intersektionalitätstheorien bis heute entscheidend sind: Zum einen machte sie auf die Tatsache aufmerksam, dass sich rassistische Strukturen wie das US-amerikanische Sklavereisystem und patriarchale Strukturen, die Frauen sexistischer Diskriminierung unterwerfen, historisch verbinden und Menschen, die in dieses Herrschaftsgefüge eingebunden sind, unterschiedlich diskriminieren und privilegieren. Zum anderen forderte Truth emanzipatorische Bewegungen wie den Feminismus dazu auf, diese unterschiedlichen Erfahrungen in ihre Theorien und Politiken zu integrieren. Die Kritik an den Leerstellen und Ausschlüssen feministischer Theorien und die Fundierung dieser Kritik in der persönlichen Erfahrung von mehrdimensional diskriminierten

Frauen waren wichtige Voraussetzungen dessen, was wir heute als Intersektionalitätstheorien bezeichnen.

Intersektionalitätstheorien, so eine erste und knappe Definition, analysieren, kritisieren und überwinden eindimensionale Perspektiven auf gesellschaftliche Macht. Die Intersektionalitätsforschung untersucht, wie unterschiedliche Herrschaftsstrukturen nach Geschlecht, ›Rasse‹, Klasse, Sexualität und vielem mehr in einer Gesellschaft zusammenwirken, wie sie das Leben von Individuen und Gruppen unterschiedlich prägen, wie sie unterschiedlich sichtbar sind und wie emanzipatorische Theorien und Praktiken daran mitwirken, intersektionale Erfahrungen und Machtformationen unsichtbar zu halten.

Das vorliegende Buch führt ein in die Geschichte und die aktuelle Ausrichtung von Intersektionalitätstheorien und erläutert deren grundlegende Dimensionen. Der Begriff der Theorie wird dabei in einem sehr weiten Sinn verstanden. Er steht für vielfältige Ansätze und Perspektiven, die sich theoretisch mit Fragen zur Intersektionalität auseinandersetzen, ohne dass sich daraus ein einheitliches und systematisch geschlossenes Theoriegebäude ableiten lässt. Dabei ist hier auch nicht entscheidend, ob die theoretischen Ansätze mit dem Begriff der Intersektionalität arbeiten oder ob sie andere Begriffe entwickeln, um Verbindungen und Wechselwirkungen von Machtstrukturen zu bezeichnen und die unterschiedlichen Lebensbedingungen von Menschen sichtbar zu machen. Entscheidend ist vielmehr die Perspektive auf die Verschränkung von Machtstrukturen und das Interesse, diese Verschränkung analytisch zu erfassen und zu benennen, um sie kritisieren und überwinden zu können. Ziel dieses Buches ist es, den Stand dieser aktuellen Diskussionen zur Intersektionalität abzubilden und die zentralen Anliegen von Intersektionalitätsansätzen einführend zu vermitteln.[1] Zu diesen gehört es, so die These des Buches, durch die Kritik an eindimensionalen

Analyseperspektiven herrschende Sichtweisen auf Macht infrage zu stellen und theoretische Konzepte und gesellschaftliche Verhältnisse so zu verändern, dass sie gerechter werden und Herrschafts- und Gewaltverhältnisse überwinden können. Das Konzept der Intersektionalität ermöglicht die kritische Wahrnehmung von Ungleichheit und Diskriminierung, Ausschluss und Marginalisierung mit dem Ziel, die Rechtsgleichheit aller Menschen, die Anerkennung von Differenz und die gesellschaftliche Solidarität zu befördern. Dieser Einführungsband will dieses kritisch-transformative Potenzial des Intersektionalitätskonzepts in seinen Möglichkeiten *und* seinen Grenzen vermitteln und die Bedeutung der intersektionalen Perspektive für die aktuelle Machtkritik aufzeigen.

Die Entstehung intersektionaler Perspektiven

Die Entwicklung einer intersektionalen Perspektive auf Machtverhältnisse wurde maßgeblich durch feministische und antirassistische Bewegungen in den USA im 19. und 20. Jahrhundert geprägt. Wirkmächtig wurden diese Denkansätze besonders in den 1980er Jahren, als Women of color in den USA, aber auch in Europa öffentlich thematisierten, wie sie durch Rassismus, (Hetero-)Sexismus und ökonomische Marginalisierung diskriminiert werden, im feministischen Mainstream unsichtbar sind und in Antidiskriminierungspolitiken übergangen werden. Diese Marginalisierung vergleicht die US-amerikanische Rechtswissenschaftlerin Kimberlé W. Crenshaw in ihrem Text *Demarginalizing the Intersection of Race and Sex* von 1989 mit der Situation eines Verkehrsopfers, das an einer Kreuzung (*intersection*) von Fahrzeugen, die aus verschiedenen Richtungen kommen, verletzt wird. Diese Metapher prägte den Begriff der Intersektionalität und gab dieser Theorierichtung den Namen. Er steht metaphorisch für den Anspruch, die komplexen Diskriminierungserfahrungen von Menschen zu erfassen, die am Schnittpunkt von Geschlecht, ›Rasse‹, Ethnizität, Klasse, Sexualität und anderen sozialen Machtstrukturen mehrfach marginalisiert werden.

Seit den 1990er Jahren entwickeln sich intersektionale Analyseperspektiven in sehr unterschiedliche Richtungen. Intersektionalität wird heute in verschiedenen Forschungsfeldern und mit unterschiedlichen Forschungsfragen und Methodologien untersucht. Dieser Einführungsband wird sich darauf konzentrieren, die grundlegenden Anliegen der Intersektionalitätsforschung verständlich zu machen und ihr emanzipatorisches Potenzial freizulegen.

Das transformative Potenzial der Intersektionalitätsperspektive

Alle theoretisch bedeutsamen Beiträge zur Intersektionalität, die in den letzten Jahrzehnten entwickelt wurden, sind einem emanzipatorisch motivierten, kritisch-transformativen Anspruch verpflichtet. Leitend ist dabei die Einsicht, dass Machtkritik sowie Diskurs- und Wissenskritik zusammengehören. So schreibt Kimberlé Crenshaw zwanzig Jahre nach Erscheinen ihres berühmten Aufsatzes von 1989, es sei ihr in diesem Text nicht nur darum gegangen, den Nachweis zu erbringen, dass Rechtsansprüche von Schwarzen Frauen marginalisiert werden, sondern vor allem darum, das dominante Konzept von Diskriminierung infrage zu stellen und zu überwinden (Crenshaw 2011b: 229). Auch die Soziologinnen Floya Anthias und Nira Yuval-Davis betonen in ihrem Buch *Racialiced Boundaries* von 1992, dass gesellschaftliche Exklusion und Unterwerfung nur bekämpft werden können, wenn die Rassisierung und Ethnisierung von sozialen Gruppen im Kontext von Geschlecht und Klasse analysiert und konzeptionell neu verstanden werden (Anthias/Yuval-Davis 1992: 198). Die Intersektionalitätstheoretikerin Ange-Marie Hancock fordert entsprechend, Intersektionalitätsforschung müsse so betrieben werden, dass sie eine »paradigmatische« Wirkung entfalte, indem sie neue Fragen und Antworten auf Fragen ermöglicht, die vorher undenkbar waren (Hancock 2015: 2981). Vivian M. May bezeichnet diesen Aspekt der Intersektionalität als »resistant imaginary«, das in das historische Gedächtnis interveniert und die dominante soziale Imagination durchbreche »by thinking ›otherwise‹« (May 2015: 34). Anders zu denken bedeutet also, dass sich dem kritischen Denken neue Fragen stellen, weil alte Sichtweisen und Konzepte fragwürdig werden.

Das transformative Potenzial des Intersektionalitätskonzepts bezieht sich demnach auf praktische wie auf theoretische Veränderungen. Transformativ ist eine kritische Analyseperspektive nicht nur, wenn sie gesellschaftliche Machtverhältnisse in emanzipatorischer Absicht überwinden will, sondern auch, wenn sie das theoretische und begriffliche Instrumentarium verändert, mit dem die Gesellschaft traditionellerweise interpretiert, erklärt und angeeignet wird. Theorien der Intersektionalität können dieses Potenzial aktualisieren, wenn sie durch kritische Analysen erkennbar machen, was in herrschenden Diskursen und Praktiken verborgen und unausgesprochen bleibt, und wenn sie damit zu einer Veränderung der Denk- und Wissensformen beitragen.

Nicht jede Intersektionalitätsforschung beansprucht im gleichen Maß, kritisch und transformativ zu sein. Der transformative Anspruch fehlt in identitätsorientierten Ansätzen, in denen es lediglich darum geht, die Vielfalt von sozialen Identitäten sichtbar zu machen und anzuerkennen. Er fehlt auch in liberalen, policy-orientierten Ansätzen, deren primäres Ziel es ist, marginalisierte Menschen in bestehende gesellschaftliche Institutionen zu integrieren. Diese Ansätze sind zwar kritisch gegenüber gesellschaftlichen Ausschlüssen, ihr transformatives Potenzial ist aber gering. Denn so wie es aus feministischer Perspektive nicht genügt zu fragen: Werden in dieser Institution XY Frauen berücksichtigt?, so genügt es aus intersektionaler Perspektive nicht zu fragen: Werden in dieser Institution XY armutsbetroffene schwule Männer, Migrantinnen mit eingeschränkten Fähigkeiten oder ältere Trans* einbezogen? Wichtig ist vielmehr, darüber hinaus nach dem Warum der Ausschlüsse zu fragen und die intersektionale Verschränkung von Machtmechanismen auf struktureller Ebene zu thematisieren. In dieser Perspektive verändert sich der Blick auf soziale Identitäten, gesellschaftliche Institutionen, Normen und Wissensformen. Ihr historischer Zusammenhang wird sichtbar und erweitert das Aktionsfeld von Theorie und Praxis. Es geht nicht mehr nur um Individuen am Schnittpunkt von ›Rasse‹, Klasse und Geschlecht, sondern darum, wie sich Rassismus, Sexismus, Nationalismus, Heteronormativität, Kapitalismus und andere Herrschaftsformen in Theorie und Praxis ergänzen und verstärken können und wie sie strukturell zusammenhängen.

Bei der Analyse verschränkter Machtformationen stützt sich die Intersektionalitätsforschung auf soziale Differenzierungskategorien wie Geschlecht, ›Rasse‹ oder Sexualität. Es ist nun aber genau dieser Rekurs auf soziale Kategorien, der die größte Herausforderung für transformative Intersektionalitätstheorien darstellt und Anlass der wichtigsten Kritiken ist. Widerspricht das kategoriale Denken nicht gerade dem Anspruch der Intersektionalitätstheorie, Machtformationen als verschränkt zu denken, und werden damit nicht gesellschaftliche Phänomene künstlich getrennt, um sie anschließend wieder zusammenzufügen? Werden dadurch nicht Vorstellungen sozialer Identitäten aufgerufen und reifiziert, das heißt verstetigt und verdinglicht, die aus kritischer Perspektive zu überwinden wären? Und wären aus diesen Gründen die kritisch-transformativen Anliegen der Intersektionalitätstheorie nicht besser in Denkansätzen wie etwa den Postcolonial Studies, Queer Theories oder Assemblage-Ansätzen aufgehoben, die ihre Analysen nicht auf der Basis von sozialen Identitätskategorien entwickeln?

Diese Fragen sind für die theoretische Entwicklung der Intersektionalitätsforschung entscheidend und begleiten sie kontinuierlich, gerade weil es auf sie keine eindeutigen und abschließenden Antworten gibt. Sie verweisen auf ein Spannungselement, das intersektionale Theorie und Praxis definiert und das mit der Funktion der sozialen Kategorien wie Geschlecht, ›Rasse‹, Ethnizität und Sexualität verbunden ist. Wofür stehen diese Kategorien? Was leisten sie? Und inwiefern sind sie unverzichtbar, um gesellschaftliche Machtverhältnisse kritisch zu erfassen? Weil Kategorien sowohl emanzipatorische als auch herrschaftsstabilisierende Effekte mobilisieren können, gibt es keine einfachen Antworten auf diese Fragen. Sie müssen aber reflektiert werden, wenn das kritisch-transformative Potenzial der Intersektionalitätstheorie dauerhaft eingelöst werden soll.

In diesem Buch wird folglich nicht nur das kritisch-transformative Potenzial der Intersektionalitätstheorien dargelegt, sondern es werden auch die kritischen Einwände thematisiert, die deren Erkenntnisgewinn infrage stellen.

Wie sprechen? Zur Begrifflichkeit der Intersektionalitätstheorie

Begriffe wie Geschlecht, ›Rasse‹, Ethnizität und Sexualität spielen in Intersektionalitätsansätzen eine zentrale Rolle. Mit ihnen lassen sich einerseits mögliche Perspektiven auf Ungleichheit und Diskriminierung formulieren, sie bezeichnen andererseits soziale Identitätszuschreibungen von Individuen und Gruppen, und sie verweisen schließlich auf gesellschaftliche Machtstrukturen, die Identitäten formieren. Die Sprache der Intersektionalitätsforschung ist darum in komplexer Weise mit Macht verstrickt. Sie ist nicht neutral, sondern aufgrund ihrer machtförmigen Dimensionen politisch aufgeladen und umstritten. Es gibt entsprechend kein einheitliches kategoriales Vokabular in Intersektionalitätstheorien, auf die sich diese Einführung abstützen könnte. Dies betrifft vor allem die deutsche Übersetzung von englischen Begriffen wie Race, Gender, People of color und Queer.

Race bezeichnet in den USA eine soziale Gruppenzugehörigkeit und ist eine offizielle staatliche Klassifikationskategorie. Die Zugehörigkeit nach Race wird entlang von Bevölkerungsgruppen organisiert und bildet die Grundlage staatlicher Antidiskriminierungspolitiken wie auch politischer Bürgerrechtsbewegungen. Diese positive oder zumindest neutrale Konnotation von Race ist im Deutschen undenkbar, in dem der Begriff ›Rasse‹ von seiner rassistischen Determination nicht zu trennen ist. Er aktualisiert diese bei jeder Verwendung erneut. Race kann darum nicht einfach mit Rasse gleichgesetzt werden. Auf dieses Übersetzungsproblem gibt es in der deutschsprachigen Intersektionalitätsforschung keine definitive Antwort (Lutz et al. 2013: 22). Die Lösung liegt tendenziell darin, den Begriff in Anführungszeichen zu setzen, um zwischen dem rassistischen und dem kritisch-analytischen Gebrauch von ›Rasse‹ eine Differenz zu markieren. Eine andere Möglichkeit ist, ›Rasse‹ und Ethnizität zusammen zu nennen, um die Bedeutungsbreite, aber auch die soziale Konstruktion rassischer Zuschreibungen zu verdeutlichen (Lutz 2001: 224).[2] In diesem Band wird der englische Begriff Race verwendet, wenn er im Kontext von anglophonen Theorieansätzen diskutiert wird, ansonsten wird der deutsche Begriff ›Rasse‹ in Anführungszeichen gesetzt. Die Anführungszeichen sollen signalisieren, dass ›Rasse‹ ein biologistisches Konzept ist, das mit einem biologisch abgestützten Rassismus, mit Antisemitismus, Eugenik und Kolonialismus verknüpft und im Deutschen – im Gegensatz etwa zu Gender, Race oder Ethnizität – heute ausschließlich als Fremdzuschreibung und in negativer Bedeutung im Gebrauch ist.[3]

Auch der englische Begriff Gender lässt sich nicht nahtlos mit dem deutschen Wort Geschlecht gleichsetzen. Gender wird in den 1960er Jahren als Begriff für eine sozial konstruierte Geschlechtsidentität eingeführt, der sich semantisch von Sex als Begriff für das biologische Geschlecht absetzt. Dagegen bleiben im deutschen Wort Geschlecht die soziale und die körperliche Dimension von Geschlecht semantisch verbunden und ermöglichen ein komplexeres Verständnis von Geschlechtsidentität und geschlechtlicher Sozialisation (Maihofer 2015).[4] In diesem Buch wird Gender verwendet, wenn der Begriff in angelsächsischen Kontexten gebraucht wird sowie zur Bezeichnung der Disziplin der Gender Studies, ansonsten wird das deutsche Wort Geschlecht benutzt.

Auch das englische Wort Queer ist ein Begriff, der für intersektionale Theorien wichtig ist, sich aber nicht ins Deutsche übersetzen lässt. Der Begriff wird im Englischen mit ›verrückt‹ und ›pervers‹ konnotiert und bezeichnet in beleidigender und diffamierender Weise Menschen, die von der heterosexuellen Norm abweichen. Der Begriff wurde in einem subversiven Akt der Sinnverschiebung von Betroffenen aufgegriffen und in einen Begriff umgewandelt, der Stolz und Widerstand markiert (Erel et al. 2011: 278). Queer bezeichnet heute verschiedene Formen nicht-heteronormativer Lebensformen und Geschlechtsidentitäten, die sich der Vereindeutigung in Kategorien entziehen. Der englische Begriff Queer wird in diesem Buch im Deutschen unverändert übernommen. Dasselbe gilt auch für weitere Begriffe, die im Englischen emanzipatorisch verwendet werden und diese Bedeutung im Deutschen verlieren würden oder die als englische Begriffe in deutschsprachigen politischen Bewegungen übernommen wurden, so die Begriffe People of color, Women of color und LGBTIQ (für Lesbian-gay-bisexual-transgender-intersexual-queer).

Trans* wird in diesem Buch als Oberbegriff für Transsexualität, Transgender und Transidentität verwendet. Trans* bezeichnet Personen, deren biologisches Geschlecht als eindeutig bestimmbar gilt, die sich gefühlsmäßig, lebensweltlich und körperlich aber einem anderen biologischen Geschlecht zugehörig fühlen respektive sich nicht mit ihrem biologischen Geschlecht identifizieren und darin unwohl fühlen oder sich generell dem Modell der heterosexuellen Zweigeschlechtlichkeit verweigern (Stryker/Whittle 2006).

Zum Schluss ist auf eine weitere Eigenheit in der Verwendung von Begriffen hinzuweisen. Diese besteht darin, dass Intersektionalität sowohl die Sache wie den Blick auf die Sache bezeichnen kann, wobei die Grenze zwischen beiden Verwendungsweisen fließend ist. Intersektionalität bedeutet einerseits die Verschränkung von Machteffekten, wie sie etwa im juristischen Konzept der »intersektionellen Diskriminierung« ausgedrückt wird (Philipp et al. 2014).[5] Intersektionalität bezeichnet andererseits die Analyse dieser intersektionalen Zusammenhänge. In diesem Sinne lässt sich von Intersektionalität als einer »Forschungspraxis« (Bereswill et al. 2015) sprechen. Dieser Sprachgebrauch ist eng an die Bedeutung von *intersectionality* angelehnt, die im angelsächsischen Gebrauch in jüngerer Zeit dominiert und die Intersektionalität als Bezeichnung für eine Theorie und Forschungspraxis versteht (Collins 2017; Collins/Bilge 2016; Hancock 2016). Zwischen den beiden Polen des Forschungsgegenstandes und der Forschungspraxis gibt es fließende Übergänge, in denen Intersektionalität einerseits als ein »Forschungsfeld« (Bührmann 2009), als ein »Prisma« (Crenshaw 2011b), eine »sensibilisierende Metapher« (Knapp 2013b) oder ein »Paradigma« (Knapp 2005; Winker/Degele 2009) bestimmt wird, andererseits als »Perspektive« (Walgenbach 2010) oder »Theorie« (Davis 2013), wodurch Formulierungen wie »intersektionale Perspektive« oder »intersektionale Theorie« zur Anwendung kommen.

Die Tatsache, dass Intersektionalität ein Wort ist, das sowohl die Sache selber als auch die Erforschung der Sache bezeichnet, kann die Verständigung über Theorien der Intersektionalität erschweren. Was in den Gender Studies oder Critical Race Theories explizit wird – dass nämlich Gender Studies über Gender und Critical Race Studies über Race forschen –, fällt in der Verknappung des Begriffs der Intersektionalität als Name für Analyse und Analysegegenstand zusammen. Um diese beiden Bereiche klarer voneinander zu trennen, wird Intersektionalität in diesem Buch primär als Gegenstand der Untersuchung und entsprechend als Konzept gefasst. Wo es um Intersektionalität als eine Forschungspraxis und um ihre immanenten Analyseperspektiven und -ansätze geht, wird dies sprachlich ausgewiesen.

Da viele deutschsprachige und die meisten englischen Texte beide Verwendungsformen kennen, ist eine strikte Trennung des Sprachgebrauchs nicht immer möglich. Nicht möglich ist auch, abschließend zu entscheiden, welche der postulierten Bezeichnungen der Intersektionalität am angemessensten ist, da Breite und Vielfalt, mit denen Intersektionalität thematisiert, erforscht und kritisiert werden, groß sind. Dennoch zeigen gerade diese Breite und Vielfalt, dass die Begriffe »Prisma« und »Perspektive« besonders geeignet sind, den Forschungsgegenstand und die Forschungspraxis der Intersektionalität zu bezeichnen, weil sie den heuristischen Effekt des Intersektionalitätskonzepts ins Zentrum stellen. So hat die Auseinandersetzung mit Intersektionalität die kritische Erforschung von Macht in den letzten Jahrzehnten nachhaltig angeregt, und ihr Potenzial dürfte noch lange nicht ausgeschöpft zu sein.

Im Folgenden werden in drei Kapiteln die wichtigsten Aspekte der Auseinandersetzung mit Intersektionalität erläutert. Im ersten Kapitel werden prägende Debatten und die institutionellen, geografischen und disziplinären Reisen des Intersektionalitätskonzepts rekonstruiert. Im zweiten Kapitel werden zentrale Aspekte der Intersektionalitätstheorie systematisch aufgefächert und vertieft. Das dritte Kapitel präsentiert aktuelle Debatten und Kritiken, die auf umstrittene Aspekte in der Konzeptionalisierung von Intersektionalität verweisen.

Dieses Buch will dazu anregen, sich mit Intersektionalität zu beschäftigen, und es will dazu beitragen, die Erforschung von Intersektionalität als Bedingung für machtkritisches Denken weiterzuentwickeln.

1. Die Entstehung der Intersektionalitätstheorien aus dem Geist der Kritik

Seit dem 18. Jahrhundert entstehen in den unterschiedlichsten geografischen Räumen und kulturellen Kontexten Denkansätze, die Herrschaftsstrukturen und ihre Auswirkungen auf die Lebensbedingungen von Individuen und Gruppen sichtbar machen und kritisieren. In diesem Kapitel werden ausgewählte Texte und Initiativen näher vorgestellt, die zur Entstehung der Intersektionalitätstheorien in ihren heutigen Formen beigetragen haben. Ihnen ist gemeinsam, dass sie aus einem Geist der Kritik heraus und mittels Theorien und Praktiken, Initiativen und Interventionen die gesellschaftlichen, politischen, kulturellen und wissenschaftlichen Herrschaftsformen benennen, analysieren und als ungerecht kritisieren. Bevor diese Geschichten erzählt werden, sind jedoch drei methodische Vorbemerkungen nötig. Sie betreffen die Schwierigkeiten und Grenzen, die Entstehung der Intersektionalitätstheorien umfassend zu bestimmen.

Intersektionalitätstheorien als Teil intersektionaler Machtverhältnisse

Weltweit werden intersektionale Herrschaftsformen in lokalen Kontexten analysiert, theoretisiert und kritisiert. Welche schließlich in einer breiteren wissenschaftlichen Öffentlichkeit rezipiert werden, hängt von vielfältigen Bedingungen ab. So entscheiden oft der Status und die materiellen Ressourcen der Beteiligten sowie das herrschende Verständnis von Wissenschaft darüber, welche Denkansätze Aufmerksamkeit erhalten und in die Diskussion aufgenommen werden und welche ungehört und unbesprochen bleiben.

Die Geschichte der Intersektionalitätstheorien bleibt dadurch in mehrfacher Weise in Machtverhältnisse verstrickt. Zum einen ist es marginalisierten Menschen oft unmöglich, sich akademisch überhaupt Gehör zu verschaffen und verstanden zu werden. Zum anderen sind die Manifestationen kritischen und marginalisierten Wissens, auch wenn sie einmal Eingang in die Wissenschaft gefunden haben, immer wieder davon bedroht, aus dem Mainstream der akademischen Wissenstradierung ausgeschlossen zu werden.

Patricia Hill Collins beschreibt in ihrem Buch *Black Feminist Thought* von 1990, wie das Wissen Schwarzer Frauen in den USA über Jahrhunderte unterdrückt wurde, und sie macht es zu ihrem Anliegen, dieses freizulegen und zu zeigen, dass es sich dabei um ein *Wissen* handelt (Collins 2000). Was Collins für die *Black Feminist Thought* formuliert, gilt auch für das unterdrückte und missachtete Wissen von anderen gesellschaftlich marginalisierten Gruppen und Individuen weltweit. Wer die Geschichte der Intersektionalitätstheorien rekonstruieren will, muss sich also bewusst sein, dass diese Geschichte nie objektiv und umfassend ist, sondern ihrerseits durch Ausschlüsse und Marginalisierungen geprägt wird. Denn die Zirkulation intersektionaler Theorieansätze über verschiedene Länder, Sprach- und Wissenschaftskulturen hinweg ist durch Macht und Ungleichheit geprägt – auch und gerade durch jene Machtverhältnisse, die in Intersektionalitätstheorien kritisiert und überwunden werden sollen.

Entsprechend wichtig ist es, dass Intersektionalitätstheorien die Entwicklung der eigenen Theoriebildung und Wissenschaftsgeschichte reflektieren, vorab diejenigen Aspekte, die alte und neue Ausschlüsse (re-)produzieren. In diesem Sinn kritisiert Sirma Bilge an aktuellen Theorien der Intersektionalität, dass sie ihre eigene Geschichte ›weiß‹ machen und die Bedeutung, die Women of color für die Entstehung des Intersektionalitätskonzepts haben, auslöschen (Bilge 2013; 2014).[6] Bilges Kritik am ›Whitening‹ der Intersektionalität ähnelt der Diagnose von Encarnación Gutiérrez Rodríguez, die bezogen auf die deutschsprachigen Intersektionalitätstheorien moniert, dass in deren gängigen Genealogien der Beitrag von Migrantinnen und Schwarzen Frauen übergangen werde (Gutiérrez Rodríguez 2011). Beide Hinweise zeigen, dass rassistische Strukturen und Praktiken den Blick auf die Theorien der Intersektionalität verzerren und dass die Forschungsbeiträge marginalisierter Gruppen immer wieder davon bedroht sind, aus dem Kanon des Wissens verdrängt zu werden – oder dass sie gar nie darin aufgenommen werden. Denn tatsächlich wird eine Vielzahl von akademischen und nicht-akademischen Debatten zur Intersektionalität in Sprachen und Wissenschaftskulturen geführt, die von einer globalen Öffentlichkeit, deren *lingua franca* sich auf weniger als ein Dutzend Sprachen beschränkt, nie rezipiert werden.

Im Wissen um diese vielfältigen Bedingungen, die die Zirkulation von Ideen strukturieren und einschränken, erscheint jede Entstehungsgeschichte der Intersektionalitätstheorien als ein perspektivisches Unterfangen. Rekonstruiert wird immer nur ein kleiner Ausschnitt dessen, was an kritischem Wissen über die multiplen Verschränkungen und Effekte von Machtformationen weltweit formuliert wird.

Vom integrativen Lesen: Multiple Geschichten der Intersektionalitätstheorien

Wer die Geschichte der Intersektionalitätstheorien erzählen will, orientiert sich an einem (Vor-)Verständnis dessen, was mit diesem Begriff bezeichnet werden soll. Dieses definiert, wo die Geschichte intersektionaler Theorieansätze anfängt, was zu deren Kern gehört und wann sie in andere Theorien übergehen.

Ange-Marie Hancock verweist auf zwei gegensätzliche Konzepte, anhand deren Intersektionalitätstheorien heute bestimmt werden: Das Konzept des geistigen Eigentums einerseits, in dem das Intersektionalitätskonzept als Produkt und Eigentum des *Black Feminism* dargestellt wird, und das Konzept der Meme andererseits, das davon ausgeht, dass jedes Wissen ein kultureller Bewusstseinsinhalt (Mem) ist, der frei zirkuliert, aufgegriffen und imitiert wird, der niemandem gehört und von niemandem verantwortet wird (Hancock 2016: 17–18). Wie Hancock konstatiert, schließen sich die beiden Konzepte in ihrer Extremform aus, doch können sie auch kombiniert werden, um zu erfassen, wie sich Intersektionalitätstheorien historisch in konkreten Kontexten herausgebildet haben und gleichwohl im Verlauf der Entwicklung ihre Formen verändern können. Eine solche Veränderung ist auch darum unvermeidlich, weil Intersektionalitätsansätze eine selbstreflexive Dynamik entwickelt haben.

Im Wissen um die Machtstrukturen, die die Herausbildung der Intersektionalitätstheorien begleiten und prägen, müssen die Zugänge zur ›intellektuellen Geschichte der Intersektionalität‹ (Hancock) nicht nur kombiniert, sondern auch vervielfältigt werden. Das bedeutet aber auch, dass sich die Geschichte der Intersektionalitätstheorien nicht geradlinig und »straight« erzählen lässt (Collins/Bilge 2016: 63).

Damit diese vielfältigen Herkunfts- und Entwicklungslinien der Intersektionalitätstheorien in den Blick kommen, ist eine Haltung des integrativen Lesens Voraussetzung. Sie orientiert sich an der Verantwortung der Theoriegeschichte, sich der Vielfalt von lokalen Theoriebildungen bewusst zu sein und diese Vielfalt im kulturellen Gedächtnis zu erhalten. Eine integrative Lektüre beinhaltet auch, die Machtfrage an die Theorien der Intersektionalität zu richten und deren Manifestationen konsequent zu kontextualisieren (Collins/Bilge 2016: 28).

Im Sinne dieser Haltung des integrativen Lesens werden im Folgenden verschiedene Herkunftslinien für die Entstehung aktueller Intersektionalitätstheorien rekonstruiert. Dabei werden exemplarische und wirkmächtige Positionen, Texte und Interventionen benannt, die vor allem aus dem US-amerikanischen, dem deutschen und dem deutschschweizer Kontext stammen. Bevor diese Texte vorgestellt werden, ist noch die letzte methodische Vorbemerkung anzufügen.

Intersektionalität avant la lettre und Intersektionalität dem Begriff nach

Ein hilfreiches Mittel zur Strukturierung der Geschichte der Intersektionalitätstheorien bietet die Unterscheidung der Intersektionalität dem Begriff und der Sache nach. Diese Unterscheidung macht darauf aufmerksam, dass es möglich ist, Perspektiven auf Intersektionalität zu entwickeln, ohne dafür den Begriff der Intersektionalität zu verwenden – sei es, weil der Begriff als solcher nicht bekannt ist oder weil er als unpassend erscheint. Nina Lykke unterscheidet in diesem Sinn explizite und implizite Intersektionalitätstheorien sowie Theorien, die Intersektionalität unter einem anderen Namen erforschen (Lykke 2010: 68). In diesem Kapitel, das sich mit den Entstehungsgeschichten der Intersektionalitätstheorien beschäftigt, ist vor allem die Unterscheidung zwischen den Intersektionalitätstheorien dem Begriff nach, die Intersektionalität explizit erforschen, und den Intersektionalitätstheorien *avant la lettre*, die Intersektionalität implizit analysieren, hilfreich.

Dem Begriff nach beziehen sich Theorien der Intersektionalität auf das Konzept der Intersektionalität, das von der US-amerikanischen Rechtstheoretikerin Kimberlé W. Crenshaw in einem Text von 1989 eingeführt und geprägt wurde. Sie gilt darum als wichtigste Namensgeberin der Intersektionalitätstheorie, die heute weltweit unter diesem Etikett zirkuliert. Dank Crenshaws Begriffsprägung wurde es möglich, verschiedene theoretische Ansätze unter einem konzeptionellen Label zu verdichten. Dies begünstigte die akademische und institutionelle Verankerung des Konzepts und seine Reise in neue Kontexte, in denen der Begriff der Intersektionalität aufgegriffen, modifiziert und transformiert wurde.

Der Sache nach sind Intersektionalitätstheorien aber nicht auf eine einzelne Person und einen einzelnen Text zurückführbar. Das Konzept entsteht vielmehr im Kontext von Theorieströmungen und Initiativen von Women of color in den USA, die sich auf Traditionen beziehen, welche bis ins 18. und 19. Jahrhundert zurückreichen und Intersektionalität implizit oder unter einem anderen Begriff thematisieren. In diesem Fall können wir von Intersektionalitätsansätzen *avant la lettre* sprechen. Diese Bezeichnung bedeutet keine inhaltliche Abwertung der darin entwickelten Analysen in ihrer intersektionalen Relevanz, sondern dient der theoriegeschichtlichen Klärung. Zur Geschichte der Intersektionalitätstheorien *avant la lettre* gehören auch jene lokalen Theorieproduktionen weltweit, die sich teilweise zeitgleich und im intellektuellen Austausch mit US-amerikanischen Theorien, aber auch unabhängig davon entwickeln und kontextspezifische Analysen multipler Herrschaftsformationen ausarbeiten. Auch wenn diese Ansätze in der wissenschaftlich globalisierten Rezeptionsgeschichte der Intersektionalität nicht integriert werden, gehören sie dennoch sachhaltig dazu.

Im Folgenden werden diese unterschiedlichen Entwicklungslinien an einzelnen Beispielen genauer vorgestellt. Der erste Abschnitt rekonstruiert die US-amerikanischen Debatten, die *vor* der Prägung des Konzepts der Intersektionalität geführt wurden und diese Prägung mitbestimmt haben (1). Danach werden die deutschsprachigen Theoriebewegungen, die teilweise durch US-amerikanische Texte beeinflusst, aber auch unabhängig davon Analysen zur Intersektionalität entwickelt haben, nachgezeichnet (2). Der dritte Abschnitt konzentriert sich auf Kimberlé Crenshaws Entwicklung des Begriffs der Intersektionalität, den sie als Konzept einführt und mit einem theoretisch programmatischen Anspruch verbindet (3). Der letzte Abschnitt schließlich zeigt Weiterentwicklungen, Ergänzungen und Differenzierungen des Intersektionalitätskonzepts, die ab Mitte der 1990er Jahre entstanden sind, und rekonstruiert seine Reise in neue institutionelle, geografische und disziplinäre Räume (4).

1.1 Frühe Kritiken am weißen Feminismus in den USA

Die Entstehungsgeschichte einer kritischen Perspektive auf intersektionale Machtverhältnisse lässt sich historisch weit zurückverfolgen. Bereits im 19. Jahrhundert reflektierten in den USA Frauenrechtlerinnen wie Sojourner Truth, Maria Stuart und Anna Julia Cooper über ihre spezifische Situation als Schwarze Frauen und thematisierten, wie sie in der US-amerikanischen Gesellschaft Unterdrückung in Form von Rassismus und Sexismus erfuhren. Die Radikalität, mit der sie sich öffentlich und politisch für die Rechte *aller* Frauen einsetzten, wurde allerdings zu Beginn des 20. Jahrhunderts von nachkommenden Generationen nicht weitergeführt (hooks 1982: 4), nicht zuletzt darum, weil die rassistische Segregationspolitik in den USA das Leben Schwarzer Frauen im 20. Jahrhundert stark belastete und viele Frauen politisch desillusioniert waren. Erst in den 1970er Jahren formierte sich im Zuge der zweiten Frauenbewegung und der Schwarzen Bürgerrechtsbewegung in den USA erneut ein gesellschaftskritischer Diskurs von Schwarzen Frauen. Der *Black Feminism* wurde zu einer theoretischen und politischen Bewegung, in der Schwarze Frauen ihre spezifischen Erfahrungen in der rassistischen, patriarchalen, heterosexistischen und kapitalistischen Gesellschaft der USA des 20. Jahrhunderts zur Sprache brachten und sich für die Überwindung dieser Herrschaftsstrukturen engagierten. Es entstanden über den *Black Feminism* hinaus programmatische und wirkmächtige Texte und Sammelbände, in denen Women of color den Rassismus in der Frauenbewegung, Homophobie, Klassenherrschaft und die Situation von Dritte-Welt-Feministinnen in den USA thematisierten (Moraga/Anzaldúa 1981; Anzaldúa 1987). In diesem Kontext wurden vielfältige Theorien der Intersektionalität *avant la lettre* formuliert.

Exemplarisch für diese frühe Perspektive auf die Intersektionalität von Macht ist *A Black Feminist Statement* des Combahee River Collective (CRC) von 1977 (Combahee River Collective 2006). Der Name der Gruppe, die 1974 gegründet wurde, geht zurück auf eine Guerilla-Aktion am Combahee River in South Carolina im Jahr 1863, die von Harriet Tubman organisiert und geleitet wurde und durch die Hunderte von Sklav_innen befreit wurden (ebd.: 418). Die Gruppe knüpfte an diese Tradition emanzipatorischer Aktionen Schwarzer Frauen an und postulierte, »that we are actively committed to struggling against racial, sexual, heterosexual, and class oppression and see as our particular task the development of integrated analysis and practice based upon the fact that the major systems of oppression are interlocking« (ebd.: 412).

In dieser Erklärung sind bereits zentrale Aspekte genannt, die später von Kimberlé W. Crenshaw (siehe Abschnitt 1.3) und anderen mit dem Begriff der Intersektionalität bezeichnet wurden. Es ging um ineinander verschränkte Unterdrückungsformen nach Geschlecht, ›Rasse‹, Sexualität und Klasse und um die emanzipatorische Aufgabe, sich theoretisch integrativ und politisch transformativ mit diesen Herrschaftsstrukturen auseinanderzusetzen. Der Ausgangspunkt der Forderungen des CRC war die Erfahrung, dass die spezifische Situation Schwarzer Frauen weder in den antirassistischen Kämpfen der Schwarzen Männer noch in den antisexistischen Kämpfen der weißen Frauen berücksichtigt wurde. Das Bedürfnis von Schwarzen Frauen, einen eigenen politischen und theoretischen »Standpunkt« zu finden, wie es Patricia Hill Collins in *Black Feminist Thought* (2000: 2) formuliert, ist demnach ein wichtiges Motiv für die Entstehung des *Black Feminism* und der Intersektionalitätsperspektive in den USA.

Das CRC wies darauf hin, dass Rassismus und Sexismus zusammenwirken, und es verdeutlichte dies am Beispiel der erzieherischen Ermahnungen an die kleinen Mädchen, die aufgefordert sind, keinen Lärm zu machen, um »ladylike« (Combahee River Collective 2006: 413) zu sein, aber auch, um mit ihrem Benehmen bei den Weißen keinen Anstoß zu erregen. Niemand, so schreibt das Kollektiv, habe bis anhin diese »multilayered texture of Black women's lives« (ebd.: 414 f.) untersucht und niemand kämpfe für die Schwarzen Frauen, wenn sie es nicht selber tun, obwohl deren Befreiung doch von allgemeiner Bedeutung sei. Denn: »If Black women were free, it would mean that everyone else would have to be free since our freedom would necessitate the destruction of all the systems of oppression.« (ebd.: 415)

In diesem politischen Credo äußert sich eine emanzipatorisch integrative Perspektive, die für viele frühe Intersektionalitätsansätze bestimmend ist. Sie halten die Analyse der *spezifischen* Situation einer unterdrückten Gruppe unter anderem deswegen für politisch zentral, weil sie in verdichteter Weise auf *allgemeine* Herrschaftsstrukturen einer Gesellschaft aufmerksam machen wollen. Das Statement des CRC verweist also auf ein emanzipatorisches Projekt, das im selben Zeitraum auch von anderen Schwarzen Feministinnen verfolgt wird: Es geht darum, ein Bewusstsein für die spezifische Situation von Schwarzen Frauen zu gewinnen, die Ursachen und Formen der miteinander verschränkten Unterdrückungsmechanismen zu erkennen und diese theoretisch und politisch zu überwinden.

Zum Projekt der Schwarzen Bewusstseins- und Theoriebildung gehörten in den 1970er und 1980er Jahren einerseits biografische und literarische Ausdrucksformen, wie sie etwa die Dichterin und Theoretikerin Audre Lorde und die Schriftstellerinnen Toni Morrison und Alice Walker entwickelten, andererseits ein vertieftes historisches Wissen über die Geschichte der Schwarzen Frauen in den USA. Dabei wurde das System der Sklaverei als diejenige historische Herrschaftsform ausgewiesen, die für die Verschränkung von Rassismus, Sexismus und Klassenunterdrückung in den USA bis in die Gegenwart ausschlaggebend ist.

In einem wegweisenden Aufsatz von 1971, *Reflections on the Black Woman's Role in the Community of Slaves*, rekonstruierte Angela Davis die Rolle der Schwarzen Frau in der Sklaverei. Sie beschreibt diese nicht nur aus der Perspektive von deren Unterdrückung, sondern auch in ihrer Funktion als Widerstandsfigur (Davis 1988). Schwarze Frauen wurden demnach als Sklavinnen mindestens gleich oder – in Form sexueller Gewalt und Missbrauchs ihrer reproduktiven Fähigkeiten – noch schlimmer ausgebeutet als Schwarze Männer, und dies änderte nach Davis auch ihre ›weibliche‹ Rolle in der häuslichen Sphäre. Hausarbeit und Kinderaufzucht sind vor dem Hintergrund des brutalen Ausbeutungssystems der Sklaverei keine untergeordneten Aufgaben mehr, sondern sie werden für das physische und emotionale Überleben der Versklavten zentral. Schwarze Frauen repräsentieren für Davis darum die Kraft, die den Widerstand gegen das System der Sklaverei am Leben erhalten konnte.

Eine andere Perspektive auf die Sklaverei entwickelt dagegen bell hooks in *Ain't I a Woman* (1982), indem sie zeigt, wie sich in diesem System eine rassistische und sexistische Unterdrückung etabliert, die auch nach dem Ende der Sklaverei in Geltung bleibt. Diese zeigt sich nach hooks daran, dass sich Schwarze Frauen als fundamental abgewertet erfahren, sich nach der Aufhebung der Sklaverei den weißen Weiblichkeitsnormen unterwerfen und in das patriarchale System einfügen, während sich Schwarze Männer dank ihrer patriarchalen Macht über Schwarze Frauen emanzipieren und in ihrem antirassistischen Kampf legitimieren (hooks 1982: 116). Andererseits verfolgen weiße Frauenbewegungen im 19. und 20. Jahrhundert vielfach eine rassistische Segregationspolitik, da sie von der Ideologie der sogenannten weißen Suprematie profitieren und durch sie ihren Status als Frauen erhöhen können (hooks 1982: 153). So treibt das Erbe der Sklaverei im Wettbewerb um die Anerkennung in einer patriarchalen Gesellschaft einen Keil zwischen weiße und Schwarze Frauen und entzweit zugleich Schwarze Männer und Schwarze Frauen. Diese Konflikte werden durch die ungleiche Entwicklung des Wahlrechts für schwarze Männer (ab 1870) und schwarze und weiße Frauen (ab 1920) noch weiter akzentuiert. Race- und Gender-Emanzipationsbewegungen werden damit in den USA seit dem 19. Jahrhundert als Folge der Sklaverei in ein »antagonistisches« Verhältnis gebracht (Dietze 2013: 18). bell hooks macht für diese Konflikte letztlich das System der rassistisch-sexistischen Herrschaftslogik verantwortlich: »Women's liberationists, white and black, will always be at odds with one another as long as our idea of liberation is based on having the power white men have.« (hooks 1982: 156)

Was hooks hier als ›Macht des weißen Mannes‹ charakterisiert, taucht in anderen Texten des frühen *Black Feminism* als analytischer Bezugspunkt auf, um die Verschränkung von Sexismus, Rassismus, Heterosexismus und Klassismus zu konkretisieren. Das Faktum verschränkter Unterdrückung verweist demnach auf ein Herrschaftsmodell, in dem es einen Bezugspunkt absoluter Privilegierung gibt. Audre Lorde beschreibt ihn im Text *Age, Race, Class, and Sex: Women Redefining Difference* von 1984 als »mythische Norm« (Lorde 1991: 202). Sie ist in den USA »weiß, dünn, männlich, jung, heterosexuell, christlich und finanziell gesichert« (ebd.). Von dieser Norm werden Gruppen abgeleitet, die ›anders‹ sind, das heißt »als abweichend, minderwertig oder schlicht und einfach als verkehrt« (ebd.: 201) definiert werden. Diese Logik des *Othering* spaltet nicht nur weiße und Schwarze Frauen, sondern spaltet auch die Schwarze Gemeinschaft, wenn etwa unterstellt wird, »dass Schwarze Lesben eine Bedrohung für die Schwarze Nation bedeuten, mit dem Feind zusammenarbeiten und grundsätzlich un-Schwarz seien« (ebd.: 209). Lorde situiert diese Normen und Spaltungen in einem auf Gewinn ausgerichteten Wirtschaftssystem, das die Außenseiter_innen als Reserve für wirtschaftliche Bedürfnisse brauche (ebd.: 201). Zugleich ist für Lorde wie auch für hooks klar, dass es für unterschiedlich marginalisierte Gruppen unterschiedliche Kooperationsangebote gibt, das heißt: »Für weiße Frauen gibt es ein breiteres Feld vorgetäuschter Möglichkeiten und Belohnungen für die Identifikation mit patriarchaler Macht und ihrem Handwerkszeug.« (ebd.: 206)

Ziel der Analysen der ineinander verschränkten Unterdrückungsformen ist in allen Texten der 1970er und 1980er Jahre nicht nur eine Veränderung der Gesellschaft, sondern immer auch die Ermächtigung der Women of color. Dabei rückt die Frage nach der Selbstpositionierung ins Zentrum, die Frage also, wie weit sich Women of color einer Identitätspolitik verschreiben und wie weit sie sich mit übergreifenden feministischen, lesbischen und antirassistischen Bewegungen verbinden. Für das CRC ist es selbstverständlich, dass sich Schwarze Frauen autonom organisieren, wobei lesbische Frauen sich darin nicht separieren sollten. bell hooks kritisiert diesen Ansatz des CRC und hält die Idee, dass sich Schwarze Frauen überhaupt gesondert organisieren, für fatal, da sie das Bild der ›Anderen‹, das die weißen Feministinnen von Schwarzen Frauen zeichnen, bestätigt, statt es zu hinterfragen (hooks 1982: 151). Schwarze und weiße Feministinnen sollten sich nach hooks Unterstützung geben und sich nicht voneinander separieren. Allerdings ist dabei, wie es Audre Lorde formuliert, die Anerkennung der Differenz zwischen weißen und Schwarzen Frauen für jede Zusammenarbeit unverzichtbar. Wenn weiße Feministinnen sich nicht mit diesen Unterschieden beschäftigen, so fragt Lorde kritisch an deren Adresse gerichtet, »wie geht ihr dann mit der Tatsache um, daß Frauen, die eure Wohnungen putzen und auf eure Kinder achtgeben, während ihr an Konferenzen über feministische Theorie teilnehmt, vorwiegend mittellose Frauen und ›women of Color‹ sind?« (Lorde 1991: 200)

Für Lorde liegt das Trennende zwischen schwarzen und weißen Frauen nicht an der Hautfarbe, am Alter oder der Sexualität, sondern an der Weigerung, diese Unterschiede und die daraus resultierenden Diskriminierungen und unterschiedlichen Lebensressourcen anzuerkennen. Das emanzipatorische, die Gesellschaft verändernde Projekt liegt demgegenüber darin, dass wir »Unterschiede zwischen Frauen als Unterschiede zwischen Gleichberechtigten sehen, weder als Zeichen der Überlegenheit noch der Unterlegenheit, und Wege ausfindig machen, um unsere jeweiligen Unterschiede dazu zu nutzen, unsere Visionen und gemeinsamen Kämpfe zu bereichern« (ebd.: 210).

Zusammenfassend lassen sich die zentralen Themenstellungen benennen, die in der Folge die verschiedenen Intersektionalitätsansätze bestimmen werden: *Erstens* der Fokus auf eine Identität oder Erfahrung einer Gruppe, die spezifische Formen von Unterdrückung erfährt; *zweitens* die Konzeptionalisierung dieser spezifischen Formen von Unterdrückung als miteinander verschränkt, wobei diese Verschränkung durch die Termini von Sex, Race, Class, Sexuality ausgedrückt wird; *drittens* das Konzept einer absoluten Privilegierung als Gegensatz zur mehrfachen Unterdrückung einer Gruppe, wie sie in der ›mythischen Norm‹ des weißen Mannes repräsentiert ist, und *viertens* das Bewusstsein antagonistischer, das heißt sich ausschließender Emanzipationspolitiken, in denen spezifische Diskriminierungserfahrungen verdrängt oder unkenntlich gemacht werden. Wie in den weiteren Kapiteln deutlich werden wird, ändern sich diese Perspektiven auf intersektionale Unterdrückung in den folgenden Jahrzehnten nur marginal; was sich allerdings ändern wird, ist die Terminologie. So sprechen aktuelle Intersektionalitätsansätze heute nicht mehr von Unterdrückung, sondern von Marginalisierung, Diskriminierung und Ausschluss. Diese Verschiebungen sind Ausdruck theoretischer Weiterentwicklungen von Macht- und Herrschaftskonzeptionen (siehe Abschnitt 2.3). Sie ändern aber nichts an den grundlegenden Themenstellungen der Theorien zur Intersektionalität am Schnittpunkt von Machtanalyse, Identitätspolitik und Gesellschaftskritik, die sich in der kritischen Auseinandersetzung mit emanzipatorischen Diskursen und Politiken vornehmlich des weißen und westlichen Feminismus herausgebildet haben und weiter herausbilden.

1.2 Geschlecht, Klasse, Sexualität und ›Rasse‹ im deutschsprachigen Feminismus der 1980er und 1990er Jahre

Im letzten Kapitel wurde beschrieben, wie sich in den 1970er und 1980er Jahren in angloamerikanischen Kontexten ein kritisches Denken formierte, das sich gegen den Mainstream eines weißen, bürgerlichen, heterosexuellen, westlichen Feminismus wendete und auf intersektionale Ausschlüsse und Diskriminierungen von Women of color aufmerksam machte. Im Zentrum dieser Kritik stand die Kategorie Race. Sie bündelte die Kritik an Rassismus, Kolonialismus, Imperialismus und Nationalismus der US-amerikanischen Gesellschaft im Allgemeinen und der feministischen Theorie im Besonderen. Wie nun sah die Situation in den deutschsprachigen Ländern Europas aus? Lässt sich eine solche Bewegung der Kritik insbesondere auch in Deutschland rekonstruieren?

Obwohl die Geschichte der deutschen innerfeministischen Auseinandersetzungen um Differenz wissenschaftlich nicht vollständig aufgearbeitet ist, lassen sich Entwicklungen von Intersektionalitätsansätzen in Deutschland in groben Zügen rekonstruieren (Hark 2005; Walgenbach 2007; Knapp 2008b; Gutiérrez Rodríguez 2011; Lutz 2001; Lutz et al. 2013). Demnach sind die Herkunftslinien der deutschsprachigen Intersektionalitätstheorie im Gegensatz zu den Entwicklungen in den USA vielfältiger und gebrochener und bestehen aus Texten, die im akademischen Kontext gar nicht oder sehr spät rezipiert werden, sich aber als intersektionalitätsbezogene Interventionen *avant la lettre* verstehen lassen. Sie machen das Verhältnis von Migration, Rassismus, Klasse und Geschlecht in der deutschen Gesellschaft und im deutschsprachigen Feminismus zum Gegenstand der Kritik und verweisen auf die spezifischen Diskriminierungserfahrungen von Migrantinnen, Jüdinnen, Schwarzen Deutschen und Queer of color, die innerhalb und außerhalb der feministischen Bewegungen marginalisiert werden.

Diese Thematisierung von Differenz rund um ›Rasse‹ und Ethnizität begann in Deutschland in den frühen 1980er Jahren und sie intervenierte in ein feministisches Feld, in dem sich das Interesse an verschränkten Herrschaftsstrukturen primär auf Geschlecht, Klasse und Sexualität und damit verbunden auf das Verhältnis von Kapitalismus und Patriarchat konzentrierte.

Der Fokus auf das Verhältnis von Klasse und Geschlecht gehört zu den Gründungsvoraussetzungen der deutschen Frauenbewegung. Diese bildete sich nach 1968 als Reaktion auf eindimensionale marxistische Perspektiven, die die spezifische Ausbeutung von Frauen durch Lohn- und Hausarbeit ausblendeten oder als kapitalistischen Nebenwiderspruch relativierten (Becker-Schmidt et al. 1981; Beer 1983). Als Antwort auf die Marginalisierung von Geschlecht in Klassenanalysen ging es den feministischen Ansätzen darum, wie Gudrun-Axeli Knapp schreibt, »das Verhältnis der Geschlechter im Rahmen einer Theorie der kapitalistischen Klassengesellschaft begrifflich zu bestimmen und empirisch zu erforschen« (Knapp 2008b: 34). Dabei wurden auch Differenzen unter Frauen thematisiert, so im Band *Schwesternstreit*, in dem nicht nur das Verhältnis von Klasse und Geschlecht, sondern auch von Heterosexualität und Homosexualität ein Thema war (Cramon-Daiber 1984; Knapp 2008b: 35).

Gleichwohl waren diese feministisch-marxistischen Ansätze nicht davor gefeit, ihrerseits wichtige Herrschaftsstrukturen auszublenden und tendenziell eindimensional zu verfahren. In diesem Sinn formierte sich in den 1980er Jahren nicht nur in den USA, sondern auch in Deutschland eine Kritik am feministischen Mainstream. Moniert wurde, dass die dominante Perspektive im deutschen Feminismus der Situation von Frauen, die von Rassismus, Nationalismus und Antisemitismus betroffen sind, nicht gerecht wird.

Frühe und wichtige Texte, die auf die Situation von Migrantinnen in Deutschland aufmerksam machten und diese Position theoretisch reflektierten, wurden vor allem im Publikationsorgan *Informationsdienst zur Ausländerarbeit* veröffentlicht. Daneben fanden erste Tagungen und Begegnungen zwischen deutschen Frauen und Migrantinnen statt, so der 1984 in Frankfurt organisierte »Erste gemeinsame Kongress ausländischer und deutscher Frauen«, der die Debatten unter den Titel »Sind wir uns denn so fremd?« stellte und veröffentlichte (Arbeitsgruppe Frauenkongress 1984, zitiert nach Knapp 2008b: 35). Weitere Kongresse folgten, so der Studienkongress Schwarzer Frauen von 1991 und der »Immigrantinnen-, Frauen im Exil-, jüdische Frauen- und schwarze Frauen-Kongress« in Bonn im März 1994 (FeMigra 1994). Ihr gemeinsames Anliegen war die kritische Auseinandersetzung mit der Einwanderungsgeschichte und -politik Deutschlands, die Analyse der Kontinuitäten des deutschen Nationalsozialismus und der aktuellen rassistischen Gewalt in Deutschland, die sich etwa 1993 am rechtsradikalen Mordanschlag in Solingen manifestierte, sowie die Kritik am Umgang mit Rassismus in feministischen und linken Zusammenhängen. Die kritischen Beiträge intervenierten in einen gesellschaftlichen Diskurs, in dem Rassismus noch primär mit den Verbrechen des Nationalsozialismus verknüpft wurde und die Thematisierung der deutschen Kolonialgeschichte ausgeblendet blieb (Lutz 2001: 223).

Eine wichtige Inspiration für die Thematisierung von Rassismus in Deutschland ging Mitte der 1980er Jahre von der afroamerikanischen Dichterin und Feministin Audre Lorde aus (siehe Abschnitt 1.1). So schlossen sich unter dem Namen *Adefra* Schwarze Frauen in Deutschland zusammen, die durch das Werk und den Aufenthalt von Lorde 1984 in Berlin zusammengebracht wurden.[7] 1986 wurden die Texte von Audre Lorde und Adrienne Rich unter dem Titel *Macht und Sinnlichkeit* erstmals in deutscher Übersetzung zugänglich gemacht (Lorde/Rich 1991). Der 1986 erschienene Band *Farbe bekennen*, der von Katharina Oguntoye, May Opitz und Dagmar Schultz herausgegeben wurde, widmet sich der Geschichte und Gegenwart von Rassismus in Deutschland und beschreibt in Gedichten und biografischen Erzählungen die unterschiedlichen Erfahrungen von Schwarzen deutschen Frauen (Oguntoye et al. 1986). Die darin abgedruckten Grußworte von Audre Lorde machen noch einmal deutlich, welch große Bedeutung Lorde für die politische Selbstorganisation Schwarzer Frauen in Deutschland hatte.

Auch die Herausgeberinnen des 1993 erschienenen Sammelbandes *Entfernte Verbindungen. Rassismus, Antisemitismus, Klassenunterdrückung* widmeten ihr Buch Audre Lorde (Hügel et al. 1999). In dem Band werden in exemplarischer Weise unterschiedlichste Diskriminierungsstrukturen und -erfahrungen zum Thema. So analysiert etwa Gülşen Aktaş Diskriminierungen und Marginalisierungen in der Organisation eines westdeutschen Frauenhauses (Aktaş 1999). Sie rekonstruiert, wie sich der feministische Anspruch auf Basisdemokratie auf Klassen- und Geschlechterverhältnisse beschränkt und rassistische Verhältnisse ausgeblendet werden – etwa, indem rassistisches Verhalten unter den Bewohnerinnen von den Mitarbeiterinnen nicht ernst genommen wird und die ausländischen Mitarbeiterinnen im Team marginalisiert werden. Nach Aktaş hat der Rassismus eine Funktion, denn er bietet deutschen Frauen im Frauenhaus die Möglichkeit, ihre Ohnmacht durch Überlegenheitsgefühle zu kompensieren. Um die verschiedenen Manifestationen von Rassismus zu überwinden, fordert Aktaş als ersten Schritt eine Quotierung für ausländische Mitarbeiterinnen. Wie im nächsten Kapitel deutlich wird, weisen ihre Analysen viele Parallelen auf zu Kimberlé Crenshaws Untersuchungen der politischen Intersektionalität in Frauenhäusern in den USA (Crenshaw 1991; siehe Abschnitt 1.3).[8]

Im gleichen Sammelband von 1993 behandelt der Aufsatz von Maria Baader einen ganz anderen Aspekt feministischer Diskriminierung. Der Text widmet sich ihrem (gescheiterten) Versuch, »als jüdische Feministin in der Berliner Frauenszene einen Platz zu finden« (Baader 1999). Baader beschreibt, wie schon der Wunsch, als jüdische Frau wahrgenommen zu werden, in feministischen Kontexten als Provokation wirkt, und sie berichtet über Abwehrhaltungen von Feministinnen, die eine Auseinandersetzung mit der Verfolgung jüdischer Männer und Frauen mit dem Hinweis auf die wenig thematisierte Hexenverfolgung verweigern (ebd.: 84). Baaders Beobachtung, dass sich marginalisierte Gruppen in ihren Gewalterfahrungen wechselseitig entwerten und ein Entweder-oder erzeugen, entspricht dem, was Kimberlé Crenshaw als politische Intersektionalität bezeichnet und vehement kritisiert. Politische Intersektionalität entsteht immer dann, wenn marginalisierte Gruppen ihre Agenda auf dem Gegensatz zwischen verschiedenen Diskriminierungsformen und marginalisierten Gruppen aufbauen (Crenshaw 1991; siehe Abschnitte 1.3 und 2.2).

Ein wichtiger früher Text zum Thema Rassismus in Deutschland ist auch der Aufsatz *Wir, die Seiltänzerinnen* des Autorinnenkollektivs FeMigra (FeMigra 1994). Die Autorinnen präsentieren darin das Konzept der »Migrantinnen«, das eine strategisch gewählte, politische Identität von Frauen benennt (ebd.: 49). Diese ist zugleich die »Bezeichnung eines oppositionellen Standorts« (ebd.). Die Autorinnen kritisieren an feministischen und linken Bewegungen in Deutschland die Ignoranz gegenüber dem Thema Rassismus einerseits und die Delegation der Rassismuskritik an Schwarze, Migrantinnen und Migranten sowie Flüchtlinge andererseits, die als »Fachfrauen und -männer in Sachen Rassismus« auf dieses Thema reduziert werden (ebd.: 50). Ihr Anliegen ist es, die Komplexität von Herrschafts- und Machtverhältnissen zu erkennen und zu zeigen, wie Rassismus und internationale Arbeitsteilung die Beziehungen unter Frauen bestimmen. In dem Aufsatz geht es auch darum, die Privilegien deutscher Frauen zu hinterfragen. Dabei verweisen die Autorinnen auf den Begriff »mehrheitsdeutsch« von Gotlinde Magiriba Lwanga (1993), der dazu dient, »Aufzählungen wie ›weiß, deutsch, christlich säkularisiert usw.‹ zu vermeiden, die wieder nur ein Nebeneinander suggerieren« (FeMigra 1994: 63). Im Konzept ›mehrheitsdeutsch‹ wird demnach – analog zum Gegenbegriff der Migrantin und vergleichbar mit Lordes Konzept der ›mythischen Norm‹ – die Verbindung verschiedenster Diskriminierungs- resp. Privilegierungsstrukturen in einem Begriff vereint. Damit wird semantisch verdeutlicht, dass es unmöglich ist, die einzelnen Ungleichheitsformen voneinander zu trennen und isoliert zu behandeln.

Die Autorinnen von FeMigra beziehen sich in ihrem Aufsatz auf Texte von Gloria Anzaldúa, Angela Davis, Cherríe Moraga und Gayatri Chakravorty Spivak und zeigen damit, dass die transkontinentale Reise antirassistischer, postkolonialer und intersektionalitätsbezogener Denkansätze *avant la lettre* nach Deutschland in den frühen 1990er Jahre bereits in vollem Gang ist.

Encarnación Gutiérrez Rodríguez würdigt diese frühen Debatten, die von »Schwarzen deutschen und diasporischen Feministinnen« in Deutschland vorangetrieben, aber im weißen deutschen Feminismus nicht rezipiert worden sind, in ihrem Aufsatz *Intersektionalität oder: Wie nicht über Rassismus sprechen?* (2011: 77; vgl. auch Erel et al. 2011). Sie betont, dass es in diesen Debatten nicht darum ging, die Anerkennung von Frauen in ihrer Identität als Migrantin einzufordern, sondern eine gesellschaftskritische Analyse von Herrschaftsformationen vorzulegen und zu zeigen, wie Subjekte in Deutschland in der kolonialen Logik zu minderwertigen Anderen abgewertet werden (Gutiérrez Rodríguez 2011: 78).

Wie bereits mehrfach erwähnt, wurden die meisten der hier erwähnten Interventionen und Projekte in der deutschsprachigen Frauen- und Geschlechterforschung nicht systematisch rezipiert.[9] Nach Cornelia Möser ist die Integration von Rassismus-Kritik und postkolonialen Perspektiven an deutschen Universitäten letztlich erst über die Rezeption US-amerikanischer Diskussionen in den 1990er Jahren eingeleitet worden, während die afrodeutschen Initiativen akademisch unberücksichtigt blieben (Möser 2013: 53).

1.3 Kimberlé W. Crenshaw

Die US-amerikanische Professorin für Critical Legal Studies Kimberlé W. Crenshaw veröffentlicht 1989 und 1991 zwei Texte, in denen sie die Diskriminierungsformen mehrfach marginalisierter Frauen analysiert. Da sie ihre Perspektive explizit als Intersektionalität bezeichnet, gelten ihre Texte als wichtige Gründungsnarrative für die Intersektionalitätstheorie *dem Begriff nach.* Crenshaw entwickelt darin in Weiterführung älterer Ansätze (siehe Abschnitt 1.1) eine grundsätzliche Systematik, um intersektionale Diskriminierungsformen zu erfassen. Dabei geht es ihr um die Bestimmung von Gleichheit und Differenz im Verständnis von Diskriminierung, um die Konzeption intersektionaler Verletzungen als *Intersection* und um die Unterscheidung zwischen struktureller, politischer und repräsentationsbezogener Intersektionalität.

Gleichheit und Differenz im Verständnis von Diskriminierung

Im Text *Demarginalizing the Intersection of Race and Sex* von 1989 (Crenshaw 1998; 2013)[10] untersucht Crenshaw drei Gerichtsfälle, in denen Schwarze Frauen – erfolglos – wegen Diskriminierung am Arbeitsplatz klagten (1998: 315–329; 2013: 37–44). An diesen Urteilen zeigt sie, inwiefern Schwarze Frauen durch die bestehende Rechtsdoktrin diskriminiert werden. Sie können erstens keinen Diskriminierungsschutz als Schwarze Frauen einfordern, weil sie vom Gericht nicht als eigene, vor Diskriminierung zu schützende Gruppe anerkannt werden, sondern entweder der Gruppe der Schwarzen oder der Frauen zugerechnet werden. Schwarze Frauen werden zweitens auch nicht als Repräsentantinnen der Gruppe der Frauen oder der Schwarzen anerkannt und können ihre Gleichbehandlung auch nicht in deren Namen einklagen. Schwarze Frauen werden also entweder über- oder unterinkludiert (Knapp 2013a).

In einem als *Postscript* betitelten Text, in dem Crenshaw zwanzig Jahre nach Erscheinen von *Demarginalizing the Intersection of Race and Sex* noch einmal auf die grundsätzlichen Anliegen ihres frühen Aufsatzes eingeht, nennt sie als entscheidend »the critique of the sameness and difference paradigm that ›Demarginalising‹ was making« (Crenshaw 2011b: 229). Es geht in ihrem Text also nicht um die Forderung, Schwarze Frauen als eigenständige juridische Kategorie anzuerkennen (ebd.: 228), sondern um die Kritik am Prinzip, dass nur weiße Frauen die Gruppe der Frauen respektive nur Schwarze Männer die Gruppe der Schwarzen repräsentieren können und in diesem Sinn das Allgemeine und Identische der Frauen respektive Schwarzen darstellen, während Schwarze Frauen als partikular definiert werden und die Position der Differenz markieren.[11] Diese Asymmetrie prägt auch das juristische Konzept der Diskriminierung. Nach Crenshaw werden die Kategorien Race und Gender im Konzept von Diskriminierung nur berücksichtigt, wenn Personen anhand dieser Kategorien explizit benachteiligt werden. Die implizite Privilegierung nach Race und Gender bleibt dagegen unerkannt und wird damit zur unerkannten Norm. Das bedeutet faktisch, dass sich die Rechtsprechung an einem Modell der Diskriminierung orientiert, das sich an den Erfahrungen der relativ Privilegiertesten unter den Diskriminierten, das heißt an den Erfahrungen weißer Frauen und Schwarzer Männer ausrichtet. Diese partikularen Erfahrungen werden zur Norm für sexistische und rassistische Diskriminierung generell (Crenshaw 1998: 323; 2013: 43).

Damit geschieht nach Crenshaw eine folgenreiche Umdeutung des Diskriminierungsschutzes: Statt sich an den Erfahrungen der Schwächsten zu orientieren, schützt sie die Privilegiertesten.[12] Crenshaw kritisiert dieses Modell und plädiert für eine Antidiskriminierungspolitik, die sich an der Gruppe derjenigen orientiert, die am meisten diskriminiert werden, da nur dieser Fokus die gesellschaftlichen Verhältnisse so ändert, dass alle davon profitieren. Sie zitiert die Worte von Anna Julia Cooper, der Schwarzen Feministin aus dem 19. Jahrhundert, die gesagt hat: »Only the Black Woman can say, when and where I enter ... then and there the whole Negro race enters with me.« (Crenshaw 1998: 329)

Neben der Neubestimmung des Diskriminierungskonzepts etabliert Crenshaw in *Demarginalizing* auch die wirkmächtige Metapher der Straßenkreuzung (*intersection*) und bietet damit ein anschauliches Bild, um die Situation mehrfach diskriminierter Frauen zu erfassen. So schreibt sie: »Nehmen wir als Beispiel eine Straßenkreuzung, an der der Verkehr aus allen vier Richtungen kommt. Wie dieser Verkehr kann auch Diskriminierung in mehreren Richtungen verlaufen. Wenn es an einer Kreuzung zu einem Unfall kommt, kann dieser von Verkehr aus jeder Richtung verursacht worden sein – manchmal gar von Verkehr aus allen Richtungen gleichzeitig. Ähnliches gilt für eine Schwarze Frau, die an einer ›Kreuzung‹ verletzt wird; die Ursache könnte sowohl sexistische als auch rassistische Diskriminierung sein.« (Crenshaw 2013: 40)

Schwarze Frauen sind demnach der Gefahr von Verletzungen durch verschiedene Diskriminierungsformen besonders ausgesetzt. Das Bild der Verkehrskreuzung verweist dabei nicht nur auf eine *quantitative* Vielzahl von Diskriminierungsachsen, sondern zugleich auf deren *qualitative* Vielfalt. Die ›vier Richtungen‹, die Crenshaw im Blick hat, sind nicht nur Diskriminierungen nach Race und nach Gender, sondern auch Diskriminierungen, die durch die Kombination von Race und Gender erfolgen, sowie Diskriminierungen, in denen Race und Gender untrennbar sind (Crenshaw 2013: 41). Es handelt sich dabei um die Erfahrung, »als Schwarze Frauen diskriminiert zu werden – eine Erfahrung, die eben nicht einfach nur die Summe von rassistischer und sexistischer Diskriminierung ist« (2013: 41).

Die Verkehrsströme sind also nicht nur ein Bild für die Diskriminierungsachsen von Race und Gender, sondern auch für die unterschiedlichen Verbindungen, in denen sich Diskriminierungen isoliert, kombiniert oder ineinander verschränkt auswirken können. Entsprechend rührt die Schutzlosigkeit Schwarzer Frauen nicht nur von den Diskriminierungen her, die sie gesellschaftlich erfahren, sondern auch von der Weigerung des Rechts, diese komplexe Situation anzuerkennen. Crenshaw vergleicht dieses Versagen der juristischen Diskriminierungsdoktrin damit, »als würde man erst einen Krankenwagen rufen, nachdem der schuldige Fahrer identifiziert wurde« (ebd.: 41).

Das Zentrum von Crenshaws Kreuzungsmetapher bildet also eine dynamische und dramatische Situation, das heißt das Ereignis eines Unfalls und die Suche nach den Gründen, warum der Schutz und die Hilfe für das Opfer ausbleiben. In diesem Sinn hält Crenshaw in ihrem *Postscript* von 2011 noch einmal unmissverständlich fest: »Intersectionality is simply the metaphor to capture both the structural and dynamic aspects of this discrimination. It seemed to me that what was happening to these women was that they were overrun with currents of power and, that having been run over by these dynamics, they were seeking law's intervention to administer to and correct the situation. The law in return seemed to be saying that these women could not be indemnified against this particular kind of injury because it could not be identified with the clarity that the extant rules required.« (Crenshaw 2011b: 230)

Die Metapher der *intersection* ist also nicht nur Ausdruck der *Verbindungen* von Diskriminierungen im Sinne von Herrschaftspraktiken, die verletzen, sondern auch Ausdruck einer *Lücke*, die entsteht, wenn bestimmten Menschen der Rechtsschutz verweigert wird. Intersektionalität heißt dann auch, *zwischen* Diskurse und Politiken zu fallen, von diesen gerade nicht erfasst zu werden und ungeschützt zu bleiben. Diese Lücke als Auswirkung von Intersektionalität diskutiert Crenshaw ausführlicher in ihrem zweiten wichtigen Aufsatz von 1991.

Strukturelle, politische und repräsentationsbezogene Intersektionalität

In ihrem Aufsatz *Mapping the Margins* von 1991 wechselt Crenshaw das Terrain ihrer Untersuchungen von der Antidiskriminierungsgesetzgebung zur Sozialpolitik und zur kulturell-medialen Öffentlichkeit. Ihr Anliegen ist es, die Position von Women of color sichtbar zu machen, indem sie die Race-, Class- und Gender-Dimension der Gewalt gegen Women of color analysiert (Crenshaw 1991: 1242, 1246, 1262). Unter Intersektionalität versteht sie nun explizit ein Konzept, das der Tendenz entgegenwirkt, Race und Gender als voneinander isoliert zu betrachten (ebd.: 1244, FN 9). Dabei unterscheidet sie drei Bereiche, die sie strukturelle, politische und repräsentationsbezogene (»representational«) Intersektionalität nennt (ebd.: 1245).

Unter dem Begriff der *strukturellen* Intersektionalität diskutiert Crenshaw die spezifischen Weisen, in denen Women of color häusliche Gewalt und Vergewaltigung erfahren (ebd.). Diese Erfahrungen, so Crenshaw, unterscheiden sich qualitativ von denen weißer Frauen, denn Women of color sind aufgrund der strukturellen Diskriminierungen durch Race, Class und Gender besonders verletzbar. Armut, die Verantwortung für Kinder, mangelnde Ausbildung und Arbeitslosigkeit verstärken ihre Abhängigkeit von einem gewalttätigen Partner, und ihr soziales Umfeld ist oft nicht in der Lage, die Frauen in der Not zu unterstützen, da es mit denselben Problemen, mit Armut, prekärer Wohnsituation und Arbeitslosigkeit zu kämpfen hat. Nach Crenshaw reagieren feministische Beratungsinstitutionen auf diese spezifischen Bedürfnisse von Women of color nicht adäquat, sondern richten ihre Maßnahmen an weißen Mittelschichtsfrauen aus. So gehen sie etwa davon aus, dass sie Frauen beim Gang aufs Gericht und bei Scheidungen unterstützen müssen. Dies aber ist für Migrantinnen mit und ohne Aufenthaltsgenehmigung keine Lösung, da sie bei einer Scheidung oder aufgrund eines Kontakts mit Behörden mit ihrer Ausweisung aus den USA rechnen müssen. Im Weiteren sind Hilfsorganisationen, die Women of color nach einer Vergewaltigung beraten, oft mit existenziellen Problemen dieser Frauen wie Obdachlosigkeit und Arbeitslosigkeit konfrontiert, für die sie kein Beratungsmandat und keine finanziellen Ressourcen haben. Der Fokus der Beratung auf nur eine isolierte Gewalterfahrung, das heißt in diesem Fall auf eine Vergewaltigung, privilegiert demnach implizit die Erfahrungen von weißen Mittelschichtsfrauen, die von mehrfachen Diskriminierungen durch Race und Class weniger betroffen sind als Women of color.

Eine weitere spezifische Form der Gewalterfahrung von Women of color diskutiert Crenshaw unter dem Begriff der *politischen* Intersektionalität (1991: 1251). Diese erfasst das Problem, dass sich emanzipatorische Bewegungen untereinander spalten und ihre Zielsetzungen gegeneinander ausspielen. »The concept of political intersectionality highlights the fact that women of color are situated within at least two subordinated groups that frequently pursue conflicting political agendas.« (Crenshaw 1991: 1251 f.)

Daraus folgt, dass die Bedürfnisse von Women of color, die häusliche Gewalt erfahren und Opfer von Vergewaltigung werden, im Konflikt zwischen feministischer und antirassistischer Politik übergangen werden. Dieser Konflikt resultiert aus einer diskursiven Konstellation, die Feminismus und Antirassismus als Gegensatz darstellt. So werden die Gewalterfahrungen von nicht-weißen Frauen in den Strategien des weißen Feminismus marginalisiert, da es als Schwächung der öffentlichen Aufmerksamkeit gilt, wenn der Fokus zu stark auf die Erfahrungen von Women of color ausgerichtet ist. Das bedeutet, dass es unmöglich ist, häusliche Gewalt gegen Women of color als *allgemeines* feministisches Problem zu diskutieren.

Doch nicht nur in weißen feministischen Organisationen, sondern auch in nicht-weißen Gemeinschaften, so konstatiert Crenshaw, wird Gewalt gegen Women of color tabuisiert. Über die Gewalterfahrungen von Women of color zu sprechen wird tendenziell als Gefahr und Verrat an der Gemeinschaft gewertet, die in einem rassistischen Umfeld auf die gemeinschaftliche Solidarität von Männern und Frauen vertraut und diese immer wieder gegen interne Kritik einfordert. Das bedeutet, dass Women of color in ihren politischen Energien zwischen feministischen und antirassistischen Anliegen aufgerieben werden. Und gerade diese Konstellation ist Teil ihrer Verletzbarkeit.

Denselben Effekt schließlich erkennt Crenshaw auch im Bereich der *repräsentationsbezogenen* Intersektionalität (Crenshaw 1991: 1282). Dabei geht es nicht nur um die Abwertung von Women of color in kulturellen Repräsentationen durch vorherrschende Bilder von Race und Gender, sondern auch um den Nachweis, dass die Erfahrungen und Perspektiven von Women of color in den Kontroversen, die sich um Sexismus und Rassismus in der Kulturproduktion drehen, nicht vorkommen.

Um die vielfältigen Formen der Diskriminierung von Women of color zu überwinden, verteidigt Crenshaw am Schluss ihres Textes Formen einer nicht-essenzialisierenden Identitätspolitik. Die Perspektive auf Intersektionalität ist für sie eine Möglichkeit, mit der Spannung umzugehen, die zwischen dem Geltendmachen multipler Identitäten einerseits und der weiterhin bestehenden Notwendigkeit von »group politics« andererseits besteht (Crenshaw 1991: 1296). Weil eine soziale Kategorisierung eine gesellschaftliche Macht ist, kann und muss sie nach Crenshaw auch von den marginalisierten Gruppen als Ausdruck der Selbstermächtigung benutzt werden. Namenspolitik (»politics of naming«, Crenshaw 1991:1297) kann dadurch zu einer politischen Strategie im Kampf gegen Rassismus und Patriarchat werden. Nach Crenshaw liegt die Bedeutung der Wahrnehmung von Intersektionalität gerade darin, dass sie ermöglicht, Race als Koalition zwischen Männern und Frauen zu verstehen, aber auch als mögliche Koalition zwischen »straight and gay people of color« (ebd.: 1299). Es ist demnach das Bewusstsein der Intersektionalität, das dazu beiträgt, dass Differenzen innerhalb einer Gruppe anerkannt werden und dass die Frage, wie eine Gruppe mit diesen Differenzen umgeht, überhaupt zum Thema werden kann.

1.4 Ein Konzept auf Reisen

Die Entwicklung des Konzepts der Intersektionalität durch Kimberlé Crenshaw, wie sie im Abschnitt 1.3 dargestellt wurde, ist eine wichtige Etappe in der Entwicklung intersektionaler Theorie und Praxis im 20. und 21. Jahrhundert. Die Namensprägung unterstützte deren weltweite Verbreitung und Zirkulation. Intersektionalität gilt heute als ein *travelling concept*, ein Konzept auf Reisen, das im Verlauf der vielfältigen Rezeptionswege in unterschiedliche Kontexte übersetzt wurde (Knapp 2005; Crenshaw 2011b: 223; Biele Mefebue/Bührmann/Grenz (Hgg.) 2020). Diese Übersetzungen beinhalten institutionelle, geografische und disziplinäre Dimensionen der Intersektionalität.

Intersektionalität in internationalen und supranationalen Institutionen

Eine wichtige Reise des Intersektionalitätskonzepts führte von den basisaktivistischen Interventionen des Schwarzen Feminismus über feministische und antirassistische Nicht-Regierungsorganisationen zur institutionellen Antidiskriminierungspolitik der Vereinten Nationen (UNO) und der Europäischen Gemeinschaft (EU). Intersektionalität erweiterte sich dabei von einem Konzept für nationale Bürgerrechte zu einem Konzept für transnationale Menschenrechte.[13]

Der eigentliche Durchbruch der intersektionalen Perspektive auf der Ebene internationaler Menschenrechte erfolgte im Rahmen der UN-Weltkonferenz gegen Rassismus (WCAR) 2001 in Durban (Collins/Bilge 2016: 88–98). Beim Vorbereitungstreffen, das 2000 in Genf stattfand, präsentierte Kimberlé Crenshaw das Konzept der Intersektionalität, und es wurde in der Folge in verschiedene Dokumente von NGO-Foren und -Kommissionen integriert (Lenz 2010: 159; Yuval-Davis 2009: 54; Collins/Bilge 2016: 92).

Auf der Ebene der EU entwickelte sich ebenfalls ein intersektionaler Zugang zu Diskriminierung. Im Jahr 2000 formulierte die EU rechtlich bindende Vorgaben gegen Diskriminierung auf der Basis von ›Rasse‹, Ethnizität, Alter, Befähigung, sexueller Orientierung und Religion, die in verschiedenen europäischen Ländern neue Regelungen initiierten (Collins/Bilge 2016: 93). Dabei wurde auch das Konzept der »intersektionellen Diskriminierung« etabliert (Lutz et al. 2013).

Myra Marx Ferree formuliert die These, dass sich der Aufschwung des Intersektionalitätskonzepts in europäischen Diskursen vor allem dem Kontext der EU-Politik verdankt. Die EU-Politik, so meint sie, löste Gender vom Klassenbezug und machte Gender zu einer Kategorie in einer langen Liste der Diversität. Dies brachte Genderthemen in die Nähe von anderen Diversitäts-Themen wie LGBT, Migration und Befähigung. Nach Ferree fand das Intersektionalitätskonzept in Europa darum zunehmend Beachtung, weil es ermöglichte, das Verhältnis unter den marginalisierten Gruppen zu thematisieren, indem es für den Umgang mit Vielfalt ein Vokabular bereitstellte (Ferree 2013b: 380).

Als Folge dieser Institutionalisierung des Intersektionalitätsansatzes auf internationaler und supranationaler Ebene ergaben sich neue Wirkungsformen und Probleme des Konzepts. Es wurde politisch stärker umkämpft und entwickelte sich zu einem eigenen Machtfaktor innerhalb der politischen Lobbyarbeit (Verloo 2006). Dabei rückten, so kritisiert Mieke Verloo, die strukturellen Dimensionen der Intersektionalität, auf die Kimberlé Crenshaw mit dem Nachweis der wechselseitigen Verschränkung und Verstärkung gesellschaftlicher Diskriminierungsformen aufmerksam gemacht hatte, in den Hintergrund, und Intersektionalität wurde zunehmend mit individueller Diversität und Vielfalt gleichgesetzt (Verloo 2006: 213; ähnlich Yuval-Davis 2009: 62–64; siehe auch Abschnitt 3.3).

Ferree beschreibt diese Prozesse als Effekte diskurspolitischer »Rahmungen«, mit denen verschiedene Akteur_innen »in unterschiedlichen politischen Kontexten versuchen, die Bedeutung des Intersektionalitätskonzepts ›einzuschrumpfen‹ und seine potenziellen Anwendungsgebiete zu begrenzen, es ›zurechtzubiegen‹, damit es besser zu anderen Themen auf ihrer Agenda passt, und es ›zu dehnen‹, damit es neu entstehenden Bedürfnissen entspricht« (Ferree 2013a: 76).

Akademisierung der Intersektionalitätsforschung

Eine weitere Institutionalisierungsbewegung betrifft jene der akademischen Forschung und Lehre.[14] Seit den 1980er und 1990er Jahren lösten sich intersektionale Ansätze immer stärker von der Einbettung in aktivistische Kontexte wie Bürgerrechtsbewegungen und antirassistische und feministische Basisinitiativen und entwickelten sich stärker innerhalb von akademischen Kontexten. Im Lauf der darauf folgenden Jahrzehnte wurde Intersektionalitätsforschung – oft gegen den Widerstand der etablierten Disziplinen – an zahlreichen Universitäten institutionell integriert. Ein zentrales Motiv, an den Universitäten intersektionale Forschung zu betreiben, war für viele das Interesse an der Verbindung von Theorie und Praxis und an der Unterstützung aktivistischer Gruppen (Dill 2009). Die akademische Integration einer intersektionalen Forschungsperspektive kann mittlerweile als erfolgreich bezeichnet werden. So sprechen Vera Kallenberg und Johanna Müller in Bezug auf die Intersektionalität in westeuropäischen Gender Studies und Sozialwissenschaften gar von einem »scientific mainstream« (Kallenberg et al. 2013: 15).

Diese Akademisierung der Intersektionalität blieb nicht ohne Kritik. Nach Sirma Bilge bedeutet die Integration der Intersektionalitätsforschung in die gegenwärtige Universitätslandschaft, die sie durch neoliberale und marktorientierte Prinzipien dominiert sieht, dass die Intersektionalität ihr transformatives und kritisches Potenzial zu verlieren droht und ›diszipliniert‹ wird (Bilge 2014a). Auch Encarnación Gutiérrez Rodríguez sieht in der aktuellen »Einbindung von Debatten zu Transnationalität, Postkolonialität und Intersektionalität« (2011: 99) in deutschen Universitäten die Gefahr, dass sie nur der internationalen Standortvermarktung dienen und den Anschein der »Internationalisierung« deutscher Sozialwissenschaften erzeugen (ebd.). Solange migrantische Frauen an den Universitäten unterrepräsentiert seien, so Gutiérrez Rodríguez, verstärke Intersektionalität nur den Status quo.[15]

Geografische Wege der Rezeption

Nicht nur in den USA, sondern auch andernorts entstanden seit den 1970er Jahren kritische Reflexionen über den historischen und systematischen Zusammenhang von Rassismus, Kolonialismus, Patriarchat und Kapitalismus. Oben wurden als Beispiele für lokal geführte Debatten frühe Intersektionalitätsansätze im deutschsprachigen Raum rekonstruiert, und es wurde gezeigt, wie diese Beiträge durch persönliche Begegnungen mit Aktivistinnen über die Kontinente hinweg inspiriert waren (siehe Abschnitt 1.2). Diese vielfältigen Theorieansätze *avant la lettre* wurden ab den 1990er Jahren durch die expliziten Intersektionalitätstheorien im Sinne von Crenshaw teilweise ergänzt und weitergeführt, teilweise überlagert und neu ausgerichtet.

In ihrer Einführung zum Sammelband *Fokus Intersektionalität* rekonstruieren die Herausgeberinnen des Bandes den Stand der expliziten Intersektionalitätsdebatten in Westeuropa (Lutz et al. 2013; dazu auch Kallenberg et al. 2013; Walgenbach 2005). Sie konstatieren, dass das Konzept vor allem in Nordeuropa (England, Niederlande, Schweden) seit Mitte der 1990er Jahre besonders intensiv diskutiert wird, während die akademischen Diskussionen in Frankreich, Italien und Spanien eher marginal sind. Dies hängt ihrer Ansicht nach mit der unterschiedlichen Rezeption englischsprachiger Literatur zusammen. Tatsächlich wurde die intersektionale Theoriebildung in Frankreich dem Begriff nach erst 2009 durch den wegweisenden Sammelband *Sexe, race, classe* von Elsa Dorlin angestoßen (Dorlin 2009). Selbstverständlich gab es aber auch in frankophonen Ländern Intersektionalitätsanalysen *avant la lettre*, namentlich im Kontext der Werke des antikolonialen Theoretikers Frantz Fanon, der schon 1952 in seinem Werk *Schwarze Haut, weiße Masken* die Erfahrungen Schwarzer Männer und Frauen in einer weißen, rassistischen Gesellschaft phänomenologisch und psychoanalytisch aufarbeitete (Fanon 1985).

Eine besonders lange Tradition der Theoriebildung ist in England zu beobachten. So formulierten Floya Anthias und Nira

Yuval-Davis beinahe zeitgleich mit Kimberlé Crenshaw und Patricia Hill Collins grundsätzliche Überlegungen zur Intersektionalität von Geschlecht, Klasse und Ethnizität (1983, 1992). Es entstanden in diesem Umkreis wichtige Beiträge zum Zusammenhang von Nationalismus, Rassismus und Geschlechterordnung in Europa (Lutz et al. 1995; Räthzel 1995; Brah 1996).

Intersektionalitätskonzepte reisten nicht nur zwischen Ländern und Kontinenten, sondern sie veränderten im Laufe dieser Rezeptionswege auch ihre Ausdrucksformen und ihren jeweiligen Sinn, da sie in spezifische politische und theoretische Kontexte übersetzt wurden.[16] Myra Marx Ferree (2013a und b) behauptet in diesem Sinn, dass es zwischen der US-amerikanischen und der deutschsprachigen Theoriebildung zur Intersektionalität einen wichtigen Unterschied gibt. Die US-amerikanischen Ansätze konzentrierten sich auf Race- und Gender, während Intersektionalität in Deutschland klassen- und genderzentriert sei (2013b: 381). Sie verbindet die US-amerikanische Ausrichtung primär mit der Tradition der Bürgerrechtsbewegungen, die Orientierung in Deutschland hingegen mit der Tradition der marxistischen Gesellschaftstheorie. Ferrees Analyse ist allerdings nur teilweise zuzustimmen. So gibt es auch in Deutschland, wie in Abschnitt 1.2 deutlich wurde, eine lange Tradition der Thematisierung von Rassismus, die im deutschen Kontext mit Migration, Antisemitismus, Nationalität und Ethnizität verbunden wurde. Ferree bezieht ihre These also primär auf die Entwicklung der Intersektionalitätstheorien seit Ende der 1990er Jahre und fokussiert dabei vor allem auf die intersektionale Gesellschaftstheorie, in der die ökonomischen Klassenverhältnisse eine zentrale Rolle spielen.

Ein zweiter wichtiger Unterschied im Verständnis von Intersektionalität in den USA und Deutschland liegt in der Bedeutung von Race. Das biologische Konzept der ›Rasse‹ legitimiert in Europa und insbesondere in Deutschland historisch andere Herrschaftsformen als in den USA. Während in den USA die Geschichte der Sklaverei und der rassenbezogenen Segregation im Zentrum steht, ist in Deutschland der Antisemitismus historisch einschneidend. Für das Verständnis von Rassismus sind beide Traditionslinien wichtig. Sie stehen zudem in Verbindung mit sozialen Differenzierungen durch Migration, Ethnizität, Nationalität und Religion.

Auf die Grenzen einer national fokussierten Theoriegeschichte und Theorieentwicklung macht Vrushali Patil aufmerksam. Sie weist kritisch darauf hin, dass der nationale (»domestic«) Fokus der Intersektionalitätsforschung, der sich auf nationalstaatliche Herrschaftsformationen konzentriert, das Potenzial der Intersektionalitätsperspektive unausgeschöpft lasse (Patil 2013: 854). Demnach sollte das Konzept der Intersektionalität nicht nur ›zwischen‹ Kontinenten, Ländern und Kulturen reisen, sondern auch stärker auf transnationale Phänomene bezogen werden. Solange der Blick der Intersektionalitätsforschung auf nationalstaatliche Herrschaft konzentriert bleibt, folgt er nach Patil der Logik kolonialer Geografie (ebd.: 853).

Disziplinäre Reisen

Die akademische Intersektionalitätsforschung entstand in den USA innerhalb der Critical Race Studies, der Critical Legal Studies und der Soziologie. Da ein starkes Motiv der Akademisierung der Intersektionalität in den USA in der Verbindung von Theorie und Praxis lag, hatte sich Intersektionalität vor allem in den Wissenschaften mit einem starken Praxisbezug wie etwa in den Disziplinen, die sich mit Recht, Sozialer Arbeit, Erziehung und öffentlicher Gesundheit beschäftigen, durchgesetzt (Collins/Bilge 2016: 37–39).

Dagegen wurden Intersektionalitätsansätze in der deutschsprachigen Rechtswissenschaft bis 2000 kaum rezipiert (Lutz et al. 2013: 15) und ihre Integration setzte erst in jüngster Zeit ein (Philipp et al. 2014). Dies mag, wie Myra Marx Ferree konstatiert, mit der unterschiedlichen Bedeutung zusammenhängen, die Bürgerrechtsbewegungen und rechtliche Antidiskriminierungspolitiken in den USA und in Europa haben (Ferree 2013a und b). Die Theoretisierung von Ungleichheit und Diskriminierung erfolgte im akademischen Feld in Deutschland eher im Kontext kritischer Gesellschaftstheorie, Soziologie und Erziehungswissenschaft als in der Rechtstheorie. Tatsächlich wurden intersektionale Ansätze in deutschsprachigen Kontexten vor allem in den empirischen Sozialwissenschaften rezipiert.

Die größte Entfaltung erlebt die Intersektionalitätsforschung weltweit nicht in den traditionellen Disziplinen, sondern in den neueren kritischen Forschungsrichtungen wie Gender Studies, Masculinity Studies, Migration Studies, Queer Studies, Critical Whiteness Studies und Sexuality Studies.[17]

Im deutschsprachigen Kontext wird Forschung zur Intersektionalität besonders intensiv in den Gender Studies betrieben. Das Konzept wird nicht nur empirisch angewendet, sondern auch theoretisch problematisiert und weiterentwickelt. Der Fokus auf Intersektionalität gilt für die Gender Studies mittlerweile als unverzichtbar (Davis 2013). Der Blick auf intersektional verschränkte Ungleichheitsformen ist in den Gender Studies »vom Rand ins Zentrum gerückt« (Knapp 2008b: 47). Dennoch ist das Verhältnis von Intersektionalitätsansätzen und Gender Studies nicht ohne Spannung. Zum einen wird von Letzteren beansprucht, dass die Intersektionalitätsforschung ein Produkt der Gender Studies sei (Walgenbach 2013). Andererseits kann die Intersektionalitätsperspektive mit einer Infragestellung oder gar Abschaffung der Gender Studies respektive der Kategorie Gender in Verbindung gebracht werden. Denn das Konzept der Intersektionalität bedeutet für die Geschlechterforschung, wie es Degele und Winker formulieren, »die eigene Masterkategorie zur Disposition zu stellen« (Langreiter/Timm 2011: 67). Diese Doppeldeutigkeit verweist auf die Bandbreite, in der sich Intersektionalitätsansätze entwickeln. Sie können je nach methodischem Zugriff zur Auflösung bestehender Kategorien beitragen oder Kategorien ›intrakategorial‹ ausdifferenzieren (McCall 2005; siehe Abschnitt 2.4)

Das Verhältnis, das die Intersektionalitätsforschung zu bestehenden Disziplinen entwickelt, kann demnach in zwei Richtungen verlaufen. Der eine Weg liegt darin, das Intersektionalitätskonzept *in* bestehende Disziplinen oder Forschungsrichtungen zu integrieren. Dabei wird die Intersektionalität eines spezifischen Phänomens thematisiert, indem zum Beispiel in den Gender Studies eine konkrete Geschlechteridentität, Formen des Sexismus und patriarchale Gesellschaftsstrukturen in ihrer intersektionalen Verschränkung mit anderen Ungleichheitskategorien und -strukturen untersucht werden. Gender bleibt dabei als primärer Bezugspunkt der intersektionalen Analyse leitend. Davon zu unterscheiden ist die Entwicklung einer Perspektive, in der keine soziale Kategorie mehr privilegiert wird und in der ein möglichst umfassender Zusammenhang von Herrschaftsformen im Zentrum steht. In dieser Perspektive entwickelt sich die Erforschung von Intersektionalität zu einer eigenen Disziplin und bildet das Feld der Intersectionality Studies.

Zentrifugale und zentripetale Bewegungen

In einer programmatischen Einleitung zu einem Themenheft der Zeitschrift *Signs*, das sich ausschließlich mit Intersektionalität befasst, entwirft das Autorinnenteam Sumi Cho, Kimberlé Crenshaw und Leslie McCall ein mögliches Feld der Intersectionality Studies, in dem Theorie und Praxis eng miteinander verbunden sind (Cho et al. 2013). Die Autorinnen unterscheiden Intersektionalitätsdebatten in Hinsicht auf Theorie- und Methodenfragen, empirische Forschungen und Anwendungen sowie politische Praktiken und Interventionen. Diese drei Aspekte sind nicht voneinander getrennt, aber sie bilden unterschiedliche Felder intersektionaler Studien, die sich unterscheiden lassen. Die Autorinnen wollen die drei Bereiche miteinander verbinden und damit das Feld der Intersectionality Studies umreißen. Dabei unterscheiden sie in der jüngeren Entwicklung eine zentrifugale und eine zentripetale Bewegung. Erstere breitet sich von einem historischen Ausgangspunkt im *Black Feminism* in verschiedene andere Disziplinen aus, Letztere bewegt sich von den Rändern einzelner Disziplinen hin zu einem methodisch neuen Konzept der Intersektionalitätsforschung (ebd.: 792 f.). Das Anliegen der Autorinnen ist es, beide Bewegungen in einen Austausch miteinander zu bringen.

Diese Unterscheidung von zentrifugalen und zentripetalen Bewegungen, die es in dieser Form übrigens auch in der Entwicklung der Frauen- und Geschlechterforschung gab, ist hilfreich, um zwei disziplinäre Ausrichtungen zu unterscheiden, die viele Intersektionalitätsansätze prägen. *Zentrifugal* orientiert ist die Forderung, Intersektionalität in einzelne Disziplinen oder Forschungsrichtungen stärker zu integrieren, zum Beispiel indem etwa in der Migrationsforschung die »Intersektionalität von migrantischen Ethnizitäten und queeren Sexualitäten« in die Forschung miteinbezogen werden (Lutz et al. 2013: 25) oder indem in den Queer Theories die implizite Ausrichtung an weißen Diskriminierungserfahrungen kritisiert wird (Cohen 2005; Collins/Bilge 2016: 102). Hier geht es also darum, intersektionale Frageperspektiven in bestehende Forschungsfelder und -perspektiven hineinzutragen. *Zentripetal* dagegen sind Ansätze, die Ergebnisse aus den Queer Studies, aus der Migrationsforschung, der Männlichkeitsforschung und den Dis/ability Studies zu einem komplexen neuen Forschungsfeld verbinden möchten, das heißt Ergebnisse aus diesen Bereichen ins Zentrum der Intersectionality Studies tragen wollen. Beispielhaft dafür sind etwa Forderungen aus der Perspektive der Disability Studies, die monieren, der Fokus auf Befähigung sei in der Intersektionalitätsforschung stärker zu berücksichtigen (Raab 2007), oder Kritiken, die auf den Ausschluss von Sexualität in vielen Intersektionalitätsansätzen hinweisen und fordern, Intersektionalität *queer* zu machen (Dietze et al. 2007b).

Angesichts dieser doppelten Bewegung wird deutlich, dass sich Intersektionalitätforschungen sowohl dezentrieren wie zentrieren lassen. Nach Cho et al. (2013) ist es nicht nötig, die Intersectionality Studies auf eine der beiden Bewegungen zu reduzieren, beide sollten vielmehr im Austausch bleiben. Diese Argumentation und die disziplinäre Selbstpositionierung entsprechen analogen Überlegungen, die in den 1990er Jahren die Herausbildung des Feldes der Gender Studies begleitet haben.

2. Elemente der Intersektionalitätstheorien

Die Entstehungsgeschichte und die Rezeptionswege, die das Konzept der Intersektionalität geprägt haben, führen zu einer Vielfalt an Ausdrucksformen und Anliegen innerhalb der Intersektionalitätstheorien. Es ist unmöglich, daraus einen gemeinsamen Nenner abzuleiten, der das Konzept der Intersektionalität in seinem innersten Wesen definiert und für alle Ansätze, die sich mit Intersektionalität beschäftigen, im selben Maß gilt. Gleichwohl lassen sich grundsätzliche Aspekte benennen, die für jene Intersektionalitätsperspektiven wichtig sind, die kritisch-transformativ ausgerichtet sind. Intersektionalitätstheorien lassen sich demnach im Sinne des Philosophen Ludwig Wittgenstein als ein »Sprachspiel« verstehen, in dem sich die Bedeutung der zentralen Begriffe durch ihren praktischen Gebrauch in einem konkreten Kontext herausbildet (Wittgenstein 1982: 19). Dieser Gebrauch und die mit ihr verbundenen Begriffe sind nicht in allen Sprachspielen identisch, sondern sind untereinander lose verbunden, so wie sich in einer weitverzweigten Familie »Familienähnlichkeiten« ergeben, die einzelne Mitglieder in unterschiedlichen Hinsichten enger oder entfernter verbinden und auf diese Weise eine lose Kette an Ähnlichkeiten und Berührungspunkten zwischen ihnen herstellen (ebd.: 57). Dieses Kapitel legt entsprechend die wichtigsten Elemente dieses Sprachspiels frei, die den kritisch-transformativen Gebrauch des Intersektionalitätsansatzes in der einen oder anderen Weise konstituieren, ohne dass in allen Ansätzen alle Aspekte in identischer Weise integriert sein müssen. Intersektionalitätstheorien als Sprachspiel im Sinne Wittgensteins zu definieren bedeutet, dass der konkrete Gebrauch des Ansatzes und das Anliegen, das damit verbunden wird, wichtiger sind als die oberflächliche Selbstdarstellung durch Namen und Labels. Der Intersektionalitätsansatz, so lautet auch die These von Collins, Bilge, Cho und anderen, hängt nicht von äußeren Zuschreibungen ab, sondern zeigt sich daran, was er *leistet* (Collins/Bilge 2016: 4 f.; Cho et al. 2013: 795). Entscheidend für die Theorien der Intersektionalität ist mit anderen Worten nicht ihre Rhetorik, sondern ihre Funktion als transformative Kritik.

Damit wird zugleich deutlich, dass es im Folgenden um ein Verständnis von Intersektionalitätstheorien im weiten Sinn geht, in dem Perspektiven und Methoden des Intersektionalitätsansatzes *avant la lettre* aufgenommen sind und in dem die neueren Verschiebungen und Übersetzungen des Konzepts mitberücksichtigt werden (siehe Kapitel 1).

Im Folgenden werden fünf Elemente näher beleuchtet, die für das Sprachspiel der meisten Intersektionalitätstheorien bestimmend sind. Dazu gehört erstens der Fokus auf soziale Gerechtigkeit, der die Kritik intersektionaler Machtverhältnisse antreibt und begründet (1). Wichtig ist für viele Intersektionalitätsansätze zweitens, dass sie sich kritisch mit eindimensionalen Perspektiven in Diskursen auseinandersetzen, durch die komplexe Diskriminierungserfahrungen ausgeblendet, Menschen unsichtbar und soziale Konflikte verfälschend dargestellt werden (2). Eine besonders anspruchsvolle Variante der Intersektionalitätstheorie widmet sich drittens der Frage, wie das Konzept der Intersektion machttheoretisch zu bestimmen sei (3). Wichtig für die meisten Intersektionalitätstheorien ist viertens der Rückgriff auf soziale Kategorien als Analyserahmen (4). Und schließlich ist eine Eigenheit von Intersektionalitätstheorien, dass sie eine Vielfalt an Methoden für sinnvoll erachten (5). Alle diese Elemente stehen, im Sinne der Wittgenstein'schen Familienähnlichkeit, untereinander in eher loser oder enger Verbindung und ermöglichen den kritisch-transformativen Gebrauch des Intersektionalitätsansatzes in seinen vielfältigen Formen.

2.1 Soziale Gerechtigkeit

Alle Intersektionalitätstheorien, die sich als kritisch und transformativ verstehen, orientieren sich in der einen oder anderen Weise an sozialer Gerechtigkeit. Dieser Bezug zeigt sich bereits daran, *dass* Gewalt, Missachtung und Diskriminierung öffentlich kritisiert und als politisch-soziales Problem dargestellt werden. Eine solche öffentliche Kritik ist nur sinnvoll, wenn die Beteiligten davon ausgehen, dass soziale Missstände keine Privatangelegenheit sind, sondern mit moralischen und ethischen, aber auch rechtlichen Vorstellungen einer gerechten und fairen Gesellschaft verbunden sind. Nicht immer wird dieser Bezug auf Gerechtigkeit in Intersektionalitätsansätzen explizit gemacht. Oft ist er implizit enthalten, ohne theoretisch ausgewiesen zu sein. Das Engagement für soziale Gerechtigkeit zeigt sich in diesen Fällen indirekt an der Kritik von Machteffekten, die damit implizit als ungerecht gekennzeichnet werden.

Ungerechte Effekte von Macht: Ungleichheit, Ausschluss, Missachtung und Gewalt

Um zu erkennen, wie sich Intersektionalitätstheorien auf Gerechtigkeit beziehen, ist es hilfreich, die Machteffekte, die kritisiert werden, zu unterscheiden.

Der zentrale Fokus in vielen Intersektionalitätstheorien richtet sich auf die Kritik an der Erzeugung von rechtlicher und sozialer *Ungleichheit* durch die Diskriminierung und Privilegierung von Individuen und Gruppen. Die Perspektive auf soziale Ungleichheit entspricht einer Vorstellung von Gerechtigkeit, die in vielen Intersektionalitätsforschungen dominiert. Entsprechend leitet sich daraus als Kernaufgabe von Intersektionalitätsanalysen ab, die Verschränkungen und Verbindungen von Ungleichheitsachsen oder »ungleichheitsgenerierenden Kategorien« zu untersuchen (Winker/Degele 2009: 10).

Sehr wichtig ist in Intersektionalitätstheorien im Weiteren die Kritik am sozialen und politischen *Ausschluss* von Individuen und Gruppen, der zur Marginalisierung ihrer Handlungsfähigkeit und zur Verhinderung ihrer sozialen und politischen Partizipation führt. Dieser Ausschluss kann einerseits, wie es Regina Becker-Schmidt vorschlägt, als eine Steigerung der vertikalen Ungleichheitslogik konzipiert werden, das heißt als eine »Rangfolge sozialer Benachteiligung«, die über die Deprivation bis zum Ausschluss aus der Gesellschaft als »unterste Stufe der Prekarität« führt (2007: 58). Der Ausschluss kann aber auch in einer horizontalen Logik gefasst werden und entspricht dann, wie es Gudrun-Axeli Knapp formuliert, der vertikalen Differenzierungslogik, die die Zugehörigkeit oder Nicht-Zugehörigkeit zu einem sozialen (Teil-)System im Blick hat (Knapp 2008a: 153), wobei die Leistung der Intersektionalitätsanalyse nach Knapp gerade darin liegt, die horizontalen und vertikalen Ungleichheits- und Differenzierungslogiken miteinander verbinden zu können. Gerade wenn es um den Ausschluss aus Bereichen geht, die mit gesellschaftlicher Gestaltungsmacht und Selbstbestimmung verknüpft sind, hängen Dominanzverhältnisse und Ausschlussmechanismen systematisch zusammen.

Wichtig ist in Intersektionalitätstheorien ferner auch die Kritik an der *Missachtung* der Besonderheit von individuellen und kollektiven Lebensformen und Identitäten. Missachtung bedeutet, die personale Einzigartigkeit eines Menschen zu negieren und die kulturellen Leistungen, die eine soziale Gruppe für die Gemeinschaft beiträgt, abzuwerten. Missachtung liegt dann vor, wenn sich Individuen und Gruppen Wertvorstellungen anpassen müssen, die mit ihrer eigenen Lebenswirklichkeit nichts zu tun haben, um von anderen akzeptiert und geschätzt zu werden. Missachtung kann darum indirekt auch an Prozessen der Disziplinierung, Normierung und Normalisierung abgelesen werden, in denen sich Menschen einem Konformitätsdruck unterwerfen, um sozial überlebensfähig zu bleiben (Butler 2009; Maihofer 2015). Als Antwort auf solche Strukturen und Praktiken der Missachtung beschäftigen sich viele Intersektionalitätsansätze intensiv mit gruppenspezifischen Erfahrungen, Denktraditionen und sozialen Bewegungen, die in ihrem Eigenwert betont werden, um sie im kollektiven Gedächtnis zu bewahren (Collins 2000; Hancock 2016).

Zu erwähnen ist schließlich auch die Analyse von *Gewalt* in ihren intersektionalen Ausprägungen auf struktureller und persönlicher Ebene, die einen wichtigen Gegenstand vieler Intersektionalitätsanalysen darstellt. Dabei geht es nicht nur um den Nachweis, dass Gewalterfahrungen mit allgemeinen materiellen gesellschaftlichen Strukturen zusammenhängen, sondern auch darum aufzuzeigen, dass mehrfach marginalisierte Menschen besonderen Gewalterfahrungen ausgesetzt sind, weil ihre spezifischen Bedürfnisse nicht berücksichtigt werden (Crenshaw 1991).

Diese Kritiken an intersektionalen Macht- respektive Gewalteffekten sind in vielen Intersektionalitätstheorien nicht streng voneinander geschieden, sondern gehen oft ineinander über oder überlappen sich in einzelnen Aspekten. Sie werden in Intersektionalitätsanalysen entweder einzeln oder in Verbindung miteinander kritisiert, wie in den nachfolgenden Kapiteln an einer Vielzahl von Beispielen deutlich werden wird.

Prinzipien der Gerechtigkeit

Die skizzierten Negativeffekte der Macht widersprechen verschiedenen Prinzipien aktueller Gerechtigkeitsvorstellungen. Zu diesen Gerechtigkeitsvorstellungen gehört vor allem der Grundsatz der Anerkennung der *Gleichheit, Freiheit und Würde* jedes Menschen. Dieser Grundsatz ist nicht nur in der Allgemeinen Erklärung der Menschenrechte von 1948 verankert, sondern er findet sich auch in den Verfassungsgrundsätzen der meisten demokratischen Rechtsstaaten. Wenn Intersektionalitätstheorien für alle Menschen den Schutz vor intersektioneller Diskriminierung auf nationaler, internationaler und supranationaler Ebene einklagen, dann stützen sie sich implizit oder explizit meist auf diesen wichtigen Gleichheitsgrundsatz (Collins/Bilge 2016: 91; Knapp 2008b: 140).

Ein weiteres Gerechtigkeitsprinzip, das für viele Intersektionalitätsansätze wichtig ist, bezieht sich auf die *Anerkennung von Differenz*. Dieser Grundsatz bedeutet, dass eine Gesellschaft die Einzigartigkeit eines jeden Menschen wie auch die kulturellen Leistungen unterschiedlicher Gruppen und Kollektive als wertvoll und bereichernd wertschätzen muss, und zwar nicht nur aufgrund ihrer Nützlichkeit, sondern weil die Anerkennung der Besonderheit jedes Einzelnen Teil seiner Menschenwürde ist (Young 1990; Honneth 1994; Fraser 2003). Dieses Gerechtigkeitsprinzip ist für Intersektionalitätsansätze leitend, wenn sie kritisieren, dass mehrfach diskriminierte Menschen in einer Mehrheitsgesellschaft unsichtbar sind und soziale Gruppen in ihrer spezifischen Identität nicht wertgeschätzt werden. Gerade die aktivistische Herkunft der Intersektionalitätsperspektive ist eng verbunden mit der Forderung, dass Unterschiede zwischen Frauen erkannt und anerkannt werden sollen (siehe Abschnitt 1.1 und 1.2).

Nancy Fraser schlägt vor, diese beiden Dimensionen von Gerechtigkeit, die mit Gleichheit und Anerkennung von Differenz verbunden sind, terminologisch klarer zu unterscheiden (Fraser 2003). Ungleichheit bedeutet demnach immer einen Zustand, der negativ ist – wie etwa im Fall ökonomischer Ungleichheit und Ausbeutung – und der durch Umverteilung und Gleichstellungsmaßnahmen überwunden werden muss. Dagegen können Differenzen bezogen auf eine soziokulturelle Identität und Lebensform von Individuen und Gruppen unter Umständen als Ausdruck von Besonderheit positiv gewertet werden und sollten unter diesen Voraussetzungen nicht aufgehoben, sondern anerkannt werden.

Schließlich ist ein wichtiges Gerechtigkeitsprinzip, das in vielen Intersektionalitätstheorien implizit leitend ist, die Qualität eines solidarischen und friedlichen Zusammenlebens unter Menschen. *Frieden und Solidarität* werden dabei nicht bloß als politische Mittel für machtpolitische Zwecke verstanden, sondern sie erscheinen als ein Selbstzweck des sozialen Lebens. Das bedeutet, dass sich im solidarischen und friedlichen Zusammensein mit anderen Menschen die höchsten Möglichkeiten des menschlichen Lebens realisieren. Dieses Ideal formulieren nicht nur Philosoph_innen wie Aristoteles, Karl Marx und Hannah Arendt, es ist auch in vielen politischen, religiösen und kulturellen Gemeinschaften in Geltung, nicht zuletzt in vielen emanzipatorischen Bewegungen, die der Solidarität untereinander einen Eigenwert zusprechen, der über strategische Zwecke hinausgeht. In diesem Sinn appellieren viele Intersektionalitätsansätze an einen Geist des sozialen Zusammenlebens, der durch gegenseitigen Respekt und Verbundenheit unter den Mitgliedern einer sozialen oder politischen Gruppe geprägt ist, aber immer auch darüber hinausweist (Lorde 1991; Combahee River Collective 2006; Cohen 2005; Hancock 2016).

Im Folgenden werden zwei besonders wichtige gerechtigkeitsrelevante Themen von Intersektionalitätsanalysen genauer vorgestellt.

Diskriminierung und Privilegierung

Ein zentrales Thema vieler Intersektionalitätsanalysen ist Diskriminierung. Diskriminierung wird je nach Theoriekontext strukturell, institutionell, intentional, direkt und indirekt konzipiert (Lutz et al. 2013: 16). Vor allem im *Recht* ist das Konzept der intersektionellen Diskriminierung eine zentrale Kategorie, um Verstöße gegen das allgemeine Gleichheitsgebot zu erfassen (Philipp et al. 2014). Was dies bedeutet, lässt sich beispielhaft anhand eines Urteils des Schweizer Bundesgerichts aus dem Jahr 2007 illustrieren, das Büchler und Cottier ausführlicher erörtern (Büchler/Cottier 2012). Der Gegenstand des Urteils ist die Klage einer muslimischen Frau, deren Einbürgerungsgesuch auf kommunaler Ebene vom Einwohnerrat abgelehnt wird, weil sie aus religiösen Gründen ein Kopftuch trägt und weil das Kopftuch dem Einwohnerrat als »sichtbarer Ausdruck der Unterwerfung der Frau unter den Mann« und damit als mit der Schweizer »Wertvorstellung« nicht vereinbar gilt (Büchler/Cottier 2012: 289). Das Bundesgericht sieht darin eine Diskriminierung der betroffenen Frau aufgrund ihrer Religionszugehörigkeit, da es das religiöse Bekenntnis in Form des Kopftuches ist, das ihr die Einbürgerung verunmöglicht. Aus einer Intersektionalitätsperspektive handelt es sich aber nicht nur um eine Diskriminierung aufgrund der Religion, sondern auch des Geschlechts, denn das Kopftuch ist nicht nur ein Zeichen religiöser Zugehörigkeit, sondern auch der Weiblichkeit (ebd.: 292). Die religiöse Diskriminierung, die an das Tragen eines Kopftuches gekoppelt ist, betrifft nur Frauen, so dass die religiöse Diskriminierung zugleich auch eine geschlechtliche ist. Soll der betroffenen Frau in ihrer konkreten Diskriminierungssituation Gerechtigkeit widerfahren, muss sie demnach auch auf Diskriminierung aufgrund des Geschlechts klagen können.

Im Recht ist der Umgang mit Diskriminierung demnach durch eine spezifische Spannung gekennzeichnet. Der rechtliche Schutz vor Diskriminierung impliziert nicht nur das Gebot der rechtlichen Gleichbehandlung, unabhängig von den sozialen Differenzen nach Geschlecht, ›Rasse‹, Sexualität und anderen sozialen Kategorien, sondern in paradoxer Weise auch das Recht, dass Geschlecht, ›Rasse‹, Sexualität und anderes in die Beurteilung von Gleichheit einbezogen werden, da Gerechtigkeit im Sinne des aristotelischen Grundsatzes verlangt, Gleiches gleich und Ungleiches ungleich zu behandeln. Das aber bedeutet, dass sich die Kritik an Diskriminierung immer an einem Maßstab orientiert, der entscheidet, was das Gleiche und was das davon abweichende Ungleiche ist. Der Schutz vor intersektioneller Diskriminierung wird dadurch abhängig von der herrschenden Definition eines Gleichen, das als Norm gilt (Maihofer 1990; Crenshaw 1991). Diese Norm der Gleichheit kann zur Missachtung von Differenz und Besonderheit führen, denn sie transportiert normative Vorstellungen davon, was ein Mann, eine Frau, eine Person of color oder Queer ist, wobei diese Norm immer Ausschlüsse beinhaltet, was bedeutet, dass sie die Personen, die in komplexer Weise diskriminiert werden, ausgrenzt (Maihofer 1990; Erel et al. 2011). Diese Norm kann *indirekt* diskriminierend wirken, wenn sich Menschen schon antizipatorisch an dieser Norm des Gleichen messen und sich selbst als Ungleiche weniger Wert und Recht zusprechen. Indirekt diskriminierend ist es aber auch, wenn sich Menschen antizipatorisch an dieser Norm orientieren und an sie anpassen, um Rechtsgleichheit beanspruchen zu können, und wenn sie damit ihrer eigenen Lebenssituation und ihren spezifischen Bedürfnissen Gewalt antun müssen.

Dieser diskriminierende Effekt einer Norm lässt sich am Beispiel einer beruflichen Tätigkeit illustrieren, die bestimmte Anforderungen an diejenigen stellt, die sie ausüben. Dieser Anforderungskatalog unterscheidet das Normale von der Abweichung und privilegiert Ersteres. So sind etwa in der Schweiz in bestimmten Ausbildungsgängen, zum Beispiel von schulischen Lehrkräften, Idealvorstellungen der Befähigung in Geltung, die als normatives Ideal dienen und zugleich Ausschlüsse regulieren, wenn etwa Menschen mit spezifischen Beeinträchtigungen die Berufsbefähigung zur Lehrperson abgesprochen wird. Diese Ausschlüsse klammern das Recht jedes Menschen auf Zugang zu Bildungseinrichtungen aus, sie verabsolutieren aber auch eine bestimmte Form, *wie* die Lehrtätigkeit ausgeübt wird, auf Kosten aller anderen.

Beispiele der indirekten Diskriminierung durch die Ausrichtung an einer intersektional verfassten Norm lassen sich auch im Bereich der Wissenschaft finden. Die wissenschaftliche Norm der Exzellenz etwa bedeutet, dass von Wissenschaftler_innen erwartet wird, sich ausschließlich auf die wissenschaftliche Forschung zu konzentrieren und andere Verpflichtungen, wie etwa die Care-Arbeit für Familienangehörige oder den Einsatz für das soziale Gemeinwesen, zurückzustellen. Eine solche Norm diskriminiert alle, die eine Familie haben oder haben möchten, denen aber das Geld oder das soziale Umfeld fehlt, um die Care-Arbeit an andere Personen delegieren zu können, oder die sich nicht ganz und gar einer universitären Karriere widmen und auch Zeit mit ihrer Familie verbringen möchten. Dies sind nicht nur, aber mehrheitlich Frauen, wobei insbesondere armutsbetroffene Frauen vom Ausschluss aus der Wissenschaft mehrfach betroffen sind, da bereits der Zugang zur tertiären Bildung Hürden beinhaltet, die nach Alter, Klasse, Ethnizität, Nationalität und Befähigung strukturiert sind. Eine Analyse der Norm wissenschaftlicher Exzellenz zeigt darüber hinaus auch auf der symbolischen Ebene eine Privilegierung bestimmter Wertvorstellungen und Themensetzungen, die davon ausgehen, dass männlich-bürgerliche, westliche Lebensstandards die objektive Norm sind, die im Sinne des Gleichen den Maßstab bilden, an dem sich alle orientieren müssen. Wer also ein anderes Verständnis von Exzellenz und Wissenschaft, eine andere Vorstellung von Arbeitsteilung und eine andere Wertschätzung von Care-Arbeit vertritt, vertritt eine Abweichung im System der Normgleichheit, die nach den herrschenden Standards keine legitimen (Rechts-)Ansprüche erheben kann.

Diskriminierung und Privilegierung müssen demnach aus einer Intersektionalitätsperspektive zusammen gedacht werden, weil Diskriminierung immer an einem Maßstab bemessen wird, der einer Position der Privilegierung entspricht.[18] Die jeweils privilegierte Identität innerhalb einer sozialen Gruppe bildet die Grundlage sowohl für das diskriminierende System als auch für den rechtlichen Diskriminierungsschutz (Crenshaw 2013: 50).

Der Zusammenhang von Diskriminierung und Privilegierung ist aus Intersektionalitätsperspektive allerdings nicht nur als Gegensatz zu fassen, sondern Diskriminierung und Privilegierung sind miteinander verstrickt und können in einem Individuum oder in einer bestimmten sozialen Gruppe zusammenfallen. Charles W. Mills erläutert dies in Bezug auf die Situation von Afroamerikaner_innen in den USA. Diese werden nach Mills in der US-amerikanischen Gesellschaft einerseits ausgebeutet und verfügen über weniger materielle Ressourcen als ihre weißen Mitbürger_innen, zugleich profitieren sie aber auf internationaler Ebene als Bürger_innen der USA von der ökonomischen Ausbeutung des Südens durch die hochindustrialisierten Länder des Nordens (Pateman/Mills 2011: 116). Diese Verschränkung von Diskriminierung und Privilegierung lässt sich auf vielfältige soziale Positionen übertragen. Damit wird deutlich, dass sich Diskriminierung und Privilegierung nicht nur durch die Logik von Normen erklären lassen, durch die Individuen untereinander verglichen und eingeschätzt werden, sondern auch durch ökonomische und nationalstaatliche Makrostrukturen, deren Subjekte nicht nur Individuen, sondern auch Nationalstaaten und transnationale Wirtschaftsunternehmen sind. Der Blick auf Diskriminierung und Privilegierung weitet sich so auf Strukturen aus, die den rechtlichen und normativen Rahmen sprengen.

2.2 Kritik an Ausschlüssen und Gegensätzen

Der Intersektionalitätsansatz ermöglicht die Kritik an einer vorherrschenden, das heißt hegemonialen Perspektive auf die Welt, durch die sich Unrechtsverhältnisse, wie sie im letzten Abschnitt erläutert wurden, am Leben erhalten und weiter reproduzieren können. In ihrem Aufsatz *Demarginalizing the Intersection of Race and Sex* von 1989 bezeichnet es Kimberlé Crenshaw als das primäre Ziel ihrer Untersuchung, »eine Sprache [zu] entwickeln, die die vorherrschende Sichtweise kritisiert« (Crenshaw 2013: 56). Ihre Hoffnung liegt darin, dass die Kritik an hegemonialen Sichtweisen diese verändern kann, weil sie einen neuen Blick auf das Gewohnte wirft und die Selbstverständlichkeit unserer Denkweisen durchbricht. Für Kathy Davis ist darum der »überraschende Perspektivenwechsel« einer der stärksten Aspekte der Intersektionalitätsforschung (Davis 2013: 64). Dieser Perspektivenwechsel ist allerdings nicht Selbstzweck, sondern steht im Dienst der Machtkritik und damit verbunden im Dienst des Engagements für soziale Gerechtigkeit.

Entscheidend ist dabei, dass sich die Kritik an hegemonialen Sichtweisen nicht nur auf staatliche Institutionen und die dominante öffentliche Meinung bezieht, sondern vor allem auf emanzipatorische Theorien und Praktiken, die von sich selbst beanspruchen, kritisch zu sein und sich für diskriminierte Menschen und herrschaftsfreie Verhältnisse einzusetzen. Viele feministische, antirassistische, marxistische und queere Theorien und Bewegungen sind implizit rassistisch, sexistisch, homophob und bürgerlich. Zu lange, so formuliert etwa Audre Lorde, haben weiße Feministinnen versucht, mit dem ›Handwerkszeug des Herren das Haus des Herren abzureißen‹ (Lorde 1991), und sie haben dabei einen umfassenden gesellschaftlichen Wandel des »rassistischen Patriarchats« (ebd.: 199) blockiert. In diesem Sinn ermöglicht die Intersektionalitätsperspektive »to dismantle the Master's House«, wie es Trina Grillo in Anlehnung an Lorde bezeichnet (Grillo 2006), indem sie die diskriminierenden Implikationen emanzipatorischer Diskurse freilegt.

Im Zentrum der Kritik an feministischen und antirassistischen Ansätzen, die sich des ›Handwerkszeugs des Herren‹ bedienen, steht deren eindimensionaler Zugang zur Welt, der sich an den Erfahrungen (relativ) privilegierter Individuen und Gruppen orientiert und die Erfahrungen mehrfach diskriminierter und marginalisierter Personen ausschließt. Elizabeth Spelman vergleicht diese Perspektive mit einem ›Tunnel-Blick‹ (Spelman 1988). Um dessen Beschränkungen aufzubrechen, formuliert Mari Matsuda als heuristisches Prinzip der Intersektionalität: »Wenn ich etwas sehe, das nach Rassismus aussieht, frage ich: Welche Rolle spielt das Patriarchat dabei? Wenn ich etwas sehe, das nach Sexismus aussieht, frage ich: Welche Rolle spielt der Heterosexismus dabei? Wenn ich etwas sehe, das nach Homophobie aussieht, frage ich: Welche Rolle spielen Klasseninteressen dabei?« (zitiert nach Davis 2013: 62)

Die Kritik der Intersektionalitätsansätze richtet sich also gegen eindimensionale Perspektiven und legt deren Ausschlüsse und Verdeckungen frei. Diese zeigen sich zum einen daran, dass herrschende Diskurse spezifische Erfahrungen marginalisierter Menschen und die Menschen selbst unsichtbar machen oder diese im Gegenteil markieren, dass sie zum anderen soziale Kategorien undifferenziert generalisieren und dadurch interne Ungleichheiten negieren und dass sie schließlich künstliche Gegensätze zwischen sozialen Gruppen erzeugen.

Unsichtbarkeit, Markierung und Othering

Das Unsichtbarmachen von bestimmten Individuen und Gruppen ist ein zentraler diskursiver Mechanismus, der in Intersektionalitätsanalysen aufgezeigt wird. Er bedeutet, dass bestimmte Individuen und Gruppen, die aufgrund ihrer komplexen und mehrdimensionalen Diskriminierungen und Marginalisierungen in dominanten, gesellschaftlichen Theorien und Praktiken unsichtbar sind, nicht zählen und als handlungsfähige Subjekte ausgelöscht werden.

Wie die Unsichtbarkeit von Subjektpositionen ganz unspektakulär in kleinen und alltäglichen Texten produziert wird, demonstriert Yasemin Yildiz am Beispiel der Einladungskarte eines Hamburger Museums. Dieses organisiert im Jahr 1993, aufgerüttelt durch fremdenfeindliche Anschläge an verschiedenen Orten Deutschlands, einen »Tag gegen Ausländerfeindlichkeit und Xenophobie«. Auf dem Flyer wird der Anlass beschrieben, der letzte

Satz lautet: »Eintritt frei! Bringen Sie auch Ihre ausländischen Freunde und Nachbarn mit!« (Yildiz 1999: 226) Yildiz zeigt die Absurdität dieser Adressierung auf. Die Veranstaltung richtet sich einerseits gegen Fremdenfeindlichkeit, die von dieser Gewalt Betroffenen werden aber nicht direkt angesprochen und als handlungsfähige Subjekte anerkannt. Sie bleiben als (nur in der männlichen Form adressierte) ›Ausländer‹ vielmehr das Objekt der Diskurse über sie. Yildiz liest den Museumsflyer gegen den Strich, das heißt, sie liest ihn als Aussage, die mehr über diejenigen aussagt, die solche Sätze produzieren, als über die, die darin genannt (oder eben nicht genannt) werden.

Unsichtbarkeit kann aber auch ganz konkret und physisch gedeutet werden und bedeutet, dass bestimmte Menschen im öffentlichen Raum nicht sichtbar sind, dass sie keinen Zugang zu Universitäten haben, bei Podiumsdiskussionen nicht als Expert_innen einbezogen werden und sich nicht selbst repräsentieren können. Besonders betroffen von dieser Unsichtbarkeit sind Menschen, die in mehrfacher Hinsicht von einer gesellschaftlichen Norm abweichen wie etwa Transpeople of color. Sie können selbst in jenen Kontexten, die sich explizit für sexuelle Gerechtigkeit einsetzen, ausgeschlossen und an den Rand gedrängt werden, *weil* sie in mehrfacher Hinsicht von einer Norm abweichen (Erel et al. 2011). Rassismus und Transphobie spielen dabei zusammen und bewirken sozialen Ausschluss und Ächtung. Diese Ächtung kann sich doppelt auswirken. Einerseits kann sie Betroffene als handlungsfähige Subjekte unsichtbar machen, andererseits können diese als die ›Anderen‹ markiert werden, die als abweichend von einer gesellschaftlichen Norm abgewertet werden.

Unsichtbarkeit, die nicht selbst gewählt, sondern strukturell aufgezwungen wird, verletzt das Prinzip der Gleichheit und der Anerkennung von Differenz, denn sie schwächt die Möglichkeit der Betroffenen, in einer Gesellschaft handlungsmächtig und selbstbestimmt zu leben, politisch zu partizipieren, Gehör zu finden und als Teil der Gemeinschaft (an)erkannt zu werden. Entsprechend ist es das Ziel von Intersektionalitätsansätzen, spezifische Lebensweisen sichtbar zu machen und dadurch Selbstbewusstsein, Stolz, Ermächtigung, kollektives Handeln und politische Subjektivierung der vormals Unsichtbaren und Ausgeschlossenen zu ermöglichen.[19]

Unsichtbarkeit wird in Intersektionalitätsanalysen als Effekt ungerechter Machtpraktiken gedeutet und damit als Effekt eines *Unsichtbarmachens* entlarvt. Zur Erklärung, wie sich diese Praktiken des Unsichtbarmachens von Individuen und Gruppen in alltäglichen Kontexten stabilisieren können, greift die empirische, psychosoziale Forschung auf kognitive Mechanismen zurück. Das Konzept der *intersectional invisibility* bezeichnet demnach die Tatsache, dass sich Menschen in ihrer Wahrnehmung und ihren (Vor-)Urteilen über Gruppen an Prototypen ausrichten und dass alle Menschen, die bezogen auf diesen Prototypen mehrfache und komplexe Diskriminierungen erfahren, darum unsichtbar sind (Knapp 2013a). Diskriminierung wird entsprechend nur sichtbar, wenn sich ein einziges Merkmal von dieser prototypischen Bestimmung der Gruppe oder des einzelnen Menschen unterscheidet, nicht aber, wenn es mehrere Abweichungen gibt. Entsprechend sind etwa weiße, bürgerliche Männer, die schwul sind, als diskriminierte Gruppe sichtbar, nicht aber lesbische, schwarze, arme Frauen, die in mehrfacher Weise vom Prototypen der heterosexuellen, weißen, bürgerlichen Frau abweichen.

Dieses Konzept der intersektionellen Unsichtbarkeit kann kritisch ausgeweitet werden, indem es nicht nur die Diskriminierten, sondern auch die Privilegierten erfasst. Wie Gudrun-Axeli Knapp richtig bemerkt, ist es darum entscheidend, in das Konzept der intersektionellen Unsichtbarkeit auch jene Unsichtbarkeit einzubeziehen, die die Norm selber oder den hegemonialen Standard betrifft (Knapp 2013a: 247). Demnach gehört es zur Funktionsbedingung von Herrschaft, sich unsichtbar zu halten. Entsprechend plädiert Knapp für eine neue Definition der intersektionellen Unsichtbarkeit in dem Sinne, »dass man sie als eine Art des Verschwundenseins der für das Konstituierte konstitutiven Verhältnisse liest« (ebd.: 259).

Intersektionalitätsansätze kritisieren aber nicht nur die Unsichtbarkeit von Individuen und Gruppen, sondern auch ihr Pendant in Form von Markierung und Othering, das heißt die abwertende und diskriminierende Konstruktion und Exposition von Individuen und Gruppen als ›Andere‹. Encarnación Gutiérrez Rodríguez (2001) zeigt diese Effekte am Beispiel der Anrufung von türkischen Frauen, die in Westdeutschland als ›Türkin‹ und ›Ausländerin‹ identifiziert und ausgegrenzt werden. Durch Othering werden Menschen in einer spezifischen Weise markiert, und es wird ihnen eine Identität aufgezwungen, die dem Grundsatz widerspricht, jedem Menschen in seiner persönlichen Einmaligkeit gerecht zu werden. Markierung und Othering sind des Weiteren Mittel gesellschaftlicher Diskriminierung; sie dienen dazu, Rechte und Chancen ungleich zu verteilen.

Generalisierung und Homogenisierung

Ein zentrales Feld intersektionalitätsbezogener Diskurskritik bezieht sich auf den Nachweis, dass in Konzepten sozialer Identität gruppeninterne Unterschiede negiert werden. Der Fokus auf Intersektionalität macht deutlich, dass unterschiedliche Lebensformen und soziale Positionen unter einer Kategorie wie Mann oder Frau zusammengefasst werden, die scheinbar abstrakt und allumfassend ist, tatsächlich aber eine spezifische Seinsweise verallgemeinert. Wie in den Abschnitten 1.1 bis 1.3 deutlich wurde, hat dieses Ausblenden von gruppeninternen Differenzen direkte politische, soziale und rechtliche Konsequenzen, insofern es die Ungleichheitsverhältnisse, die zum Beispiel *zwischen* Frauen bestehen, negiert und unsichtbar macht. Damit werden Machtverhältnisse, aber auch hegemoniale Machtkämpfe innerhalb von marginalisierten sozialen Gruppen verschleiert (Maihofer 2014).

Als Beispiel für die Kritik an kategorialen Generalisierungen und Homogenisierungen soll das Konzept der ›hegemonialen Männlichkeit‹ dienen, das erstmals von Raewyn Connell geprägt wurde und das die undifferenzierte Darstellung von Männlichkeit überwinden will (Connell 2000: 98). Nach Jeff Hearn kann das Konzept der hegemonialen Männlichkeit »als eine Reaktion auf die Debatte über Intersektionalität betrachtet werden – als deren Anwendung auf Männer« (Hearn 2013: 117). Connell, die sich selber nicht explizit als Intersektionalitätstheoretikerin versteht, unterscheidet Männlichkeit nach einer ›hegemonialen‹, einer ›untergeordneten‹ und einer ›marginalisierten‹ Form von Männlichkeit (Connell 2000: 98 ff.). Hearn rekonstruiert diese Differenzierungen als Ergebnis einer Intersektionalitätsperspektive, in der Gender mit weiteren sozialen Ungleichheitsmarkern verknüpft und in Hinsicht auf ihre normative Dominanz unterschieden wird. Nach Hearn ist homosexuelle Männlichkeit eine Form, wie untergeordnete Männlichkeit mit Sexualität kodiert wird, schwarze Männlichkeit wiederum ist eine Form, wie sich Gender mit Rassifizierung verbindet (Hearn 2013: 118).

In ihren Texten von 1989 und 1991 analysiert Kimberlé Crenshaw unter dem Begriff der ›politischen Intersektionalität‹, wie feministische und antirassistische Diskurspolitiken einen wechselseitigen Gegensatz aufbauen und ein Entweder-oder von Rassismus und Sexismus konstruieren (siehe Abschnitt 1.3). Sie aktualisiert diese Kritik im Jahr 2011 durch eine Analyse der Argumente, die im internen Wahlkampf von Barack Obama und Hillary Rodham Clinton um die Kandidatur als Präsidentschaftskandidat_in der demokratischen Partei formuliert wurden (Crenshaw 2011a). Crenshaw zeigt auf, wie weiße Feministinnen Sexismus und Rassismus gegeneinander ausspielen, um Clintons Kandidatur gegen Obama zu stärken und wie sie damit die Diskurse wiederholen, die die Frauenwahlrechtsbewegungen der ersten Welle des Feminismus im 19. Jahrhundert in den USA geprägt haben. Die weißen Suffragetten des 19. Jahrhunderts haben ihr Recht auf Wahlen durch die rhetorische Skandalisierung begründet, dass schwarze Männer bereits das Wahlrecht haben und dass demnach Sexismus tiefer gehe als Rassismus. Diese unsolidarische Haltung ist nicht nur gerechtigkeitstheoretisch fatal, weil sie zwei Gewalt- und Herrschaftsformationen gegeneinander ausspielt, sondern sie bedeutet auch, dass sich Schwarze Frauen politisch in einem Konfliktfeld verorten müssen, in dem zwei Ansprüche, nämlich der Schutz vor sexistischer sowie der Schutz vor rassistischer Diskriminierung, als Entweder-oder dargestellt werden. Auch Gabriele Dietze rekonstruiert in ihrer Studie zu den *Weißen Frauen in Bewegung*, wie sich die antagonistische Entwicklung von Frauenrechtsgruppen und Race-Emanzipation vom 19. Jahrhundert bis in die jüngste Gegenwart durchhält und wie die Race-Gender-Konfliktlinien in den öffentlichen Debatten zu Gerichtsprozessen wie etwa jenem gegen O. J. Simpson reaktualisiert werden (Dietze 2013).

Ähnlich argumentiert auch Cathy Cohen, indem sie zeigt, dass queere Bewegungen, die sich am starren Gegensatz von Hetero- und Homosexualität orientieren, eine Binarität konstruieren, die gesellschaftlich stigmatisierte Sexualität wie etwa jene der heterosexuellen ›Welfare Queen‹ nicht erfassen kann (Cohen 2005). Welfare Queen ist der von rechtskonservativen Kreisen in den USA eingeführte abschätzige Begriff, der meist junge, ledige Mothers of color, die Sozialhilfe beziehen, diffamiert. Die Abwertung von Mothers of color bezieht sich auch auf deren Sexualität, indem ihnen Promiskuität und Zügellosigkeit im Ausleben ihrer heterosexuellen Neigungen unterstellt werden. Nach Cohen handelt es sich dabei um abgewertete Formen der Heterosexualität, die aus dem Blick geraten, wenn in queeren Diskursen Homo- und Heterosexualität mit der Unterscheidung von nicht-normativer und normativer Sexualität gleichgesetzt werden. Dieser Gegensatz konstruiert einen wechselseitigen Ausschluss von Homo- und Heterosexualität, der in Bezug auf deren normativen Status keine Berührungspunkte oder Grauzonen mehr aufweist. Cohen stellt diesem eindimensionalen Gegensatz das Konzept einer nicht-normativen Heterosexualität gegenüber (Cohen 2005: 37ff.), wie sie etwa den Welfare Queens zugeschrieben wird. Das Intersektionalitätskonzept macht demnach den künstlich erzeugten Gegensatz erkennbar und führt dazu, dass sich das Verständnis von Queer aus Intersektionalitätsperspektive destabilisiert und kompliziert. Dies ist für Cohen zugleich die Chance, dass sich im Kampf gegen Heteronormativität im Namen von Queer neue Bündnisse und solidarische Koalitionen ergeben können.

Intersektionalitätsanalysen wie jene von Crenshaw oder Cohen gehen davon aus, dass die künstlich erzeugten Gegensätze letztlich ein System stützen, das sich durch solche Gegensätze am Leben hält. Die unterschiedlich marginalisierten Gruppen kämpfen gegeneinander um ihren Status und um begrenzte Ressourcen wie Aufmerksamkeit oder Geld, statt dass sie die Gemeinsamkeiten ihrer Unterdrückung und Ausgrenzung erkennen. Es geschieht damit, was Alex Demirović und Andrea Maihofer als eine Herrschaftstechnik entlarven (2013: 33). Bewegungen, die Naturausbeutung, soziale Ungleichheit, Sexismus oder Rassismus thematisieren, geraten in Konkurrenz zueinander, anstatt den Zusammenhang der Phänomene sichtbar zu machen und emanzipatorische Bündnisse zu bilden. Die künstlichen Gegensätze münden schließlich in eine »Oppression Olympics«, das heißt in einen Wettbewerb verschiedener Gruppen um Platz eins in der Rangfolge der Diskriminierung (Hancock 2016: 97). Daraus folgt ironischerweise, dass im Wettstreit um den ersten Platz bei den Olympischen Spielen der Unterdrückung das unterdrückerische System selbst unverändert bleibt.

2.3 Macht der Intersektion

Wie im letzten Abschnitt gezeigt, untersucht und kritisiert der Intersektionalitätsansatz hegemoniale Diskurspolitiken, die zwischen sozialen Gruppen Gegensätze konstruieren oder kategoriale Homogenisierungen betreiben, mit denen Ungleichheit, Ausschluss, Marginalisierung und Gewalt verschleiert oder diskursiv erzeugt werden. In diesem Abschnitt steht ein anderer Aspekt der Intersektionalitätstheorie im Zentrum, der sich mit der Konzeptualisierung der ›Intersektion‹ verschiedener Herrschaftsachsen beschäftigt. Es handelt sich dabei um eine Erkenntnisperspektive, die über die *Kritik* an Ausschlüssen und Marginalisierungen hinausgeht. Es geht vielmehr um die *konzeptionelle Bestimmung* gesellschaftlicher Machtformationen in ihrer wechselseitigen Verschränkung. Ange-Marie Hancock unterscheidet in diesem Sinn in der Intersektionalitätsforschung das »(in-) visibility project«, das die kritische Sichtbarmachung von Ausgeschlossenen zum Ziel hat, von einem »ontologischen Projekt«, in dem das Verhältnis zwischen sozialen Differenzkategorien neu bestimmt wird (2016: 32). Auch Vivian M. May differenziert Intersektionalitätstheorien in ähnlicher Weise nach einer »*epistemological practice*«, die dominante Sichtweisen infrage stellt, und einem »ontological project«, das Subjektivität, Handlungsfähigkeit und Herrschaftsstrukturen rekonzeptualisiert (May 2015: 34). Beide Autorinnen weisen also darauf hin, dass sich das Projekt der Intersektionalitätsforschung grob nach zwei Aufgaben unterscheiden lässt, mit denen verschiedene Erkenntnisansprüche verbunden sind. Es gibt einerseits das analytisch-kritische Projekt, das auf intersektionale Ausschlüsse von Diskurspolitiken und ihren epistemologischen Prinzipien aufmerksam macht, und andererseits das ontologisch-konzeptionelle Projekt, das die intersektionale Verschränkung von Macht in ihren gesellschaftlichen Grundprinzipien und Funktionsweisen bestimmen will. Auch wenn sich beide Ansätze in sehr vielen Untersuchungen ergänzen, so *müssen* sie nicht zusammenwirken. Tatsächlich beschränken sich viele Forschungsansätze auf die Kritik an Diskurspolitiken und die damit verbundenen konzeptionellen Ausschlüsse, Marginalisierungen und Diskriminierungen, ohne sich zu der Frage zu äußern, wie der intersektionale Zusammenhang von Herrschaftsstrukturen machttheoretisch zu fassen sei.[20] Diese Frage nun steht im folgenden Abschnitt im Zentrum.

Abgrenzung von einem additiven Ansatz

Die Klärung der Frage, wie soziale Differenzierungskategorien intersektional zusammenwirken und sich zu Herrschaftseffekten verschränken, das heißt, wie ›Macht organisiert‹ ist (Collins/Bilge 2016: 7), ist methodisch anspruchsvoll. In der Intersektionalitätstheorie herrscht mehrheitlich darüber Konsens, dass die Verbindung sozialer Differenzierungsachsen nicht additiv zu erklären sei.[21] Die meisten Ansätze grenzen sich von einem Verständnis von Intersektionalität ab, das davon ausgeht, dass es reine, voneinander getrennte Diskriminierungsachsen wie Rassismus oder Sexismus gibt, die sich unabhängig voneinander entwickeln und in bestimmten Subjekten, an bestimmten Orten und Zeiten zusammenkommen – so, wie sich Straßen an einer Kreuzung treffen und vor und nach diesem Zusammentreffen ihren eigenen davon nicht weiter berührten Verlauf nehmen.

In diesem Sinn sind sich auch viele Intersektionalitätsforschende darüber einig, dass die von Crenshaw geprägte Metapher der Intersektion als Kreuzung für das Anliegen der Intersektionalitätsanalyse eigentlich unpassend ist, weil sie genau diese Logik evoziert (Yuval-Davis 2013: 206). Dennoch wird mehrheitlich an diesem Terminus festgehalten, um damit, wie es Hancock formuliert, die Bedeutung von Crenshaw und anderen frühen Intersektionalitätstheorien, die diese kritische Perspektive geprägt haben, zu würdigen, und weil es derjenige Begriff ist, der von allen terminologischen Varianten, wie es Collins und Bilge formulieren, schließlich ›hängen geblieben‹ ist (Collins/Bilge 2016: 2). Gleichwohl gibt es auch alternative Begrifflichkeiten für die Machtverschränkung. Im deutschsprachigen Kontext wird das Konzept der »Interdependenz« (Walgenbach et al. 2007), der »Simultaneität« (Erel et al. 2007) oder der »Mehrdimensionalität« (Demirović/Maihofer 2013: 40) vorgeschlagen. Auf die unterschiedlichen Implikationen dieser Terminologie wird weiter unten noch näher eingegangen.

Wie nun wird in Intersektionalitätstheorien dieser Anspruch des nicht-additiven Zusammendenkens von Macht eingelöst? Die Herausforderung für die ontologische Bestimmung von ineinander verschränkten Machteffekten liegt darin, die Eigenständigkeit *und* den Zusammenhang dieser Machtformen zu erfassen. Gender, Klasse, ›Rasse‹ und andere Herrschaftsformationen sind demnach nicht durch eine einzige, alles umfassende Machtlogik begründet, die alle Ungleichheitsformen in sich begreift und erklärt.[22] Sie lassen sich demnach nicht aufeinander reduzieren, aber sie entstehen und funktionieren auch nicht unabhängig voneinander. Diese doppelte Perspektive folgt einem Sowohl-als-auch-Prinzip (Knapp 2008b: 44). Collins und Bilge sprechen von »interlocking, mutually constructing or intersecting systems of power« (2016: 27). Das heißt, es gibt keinen ›reinen‹ Rassismus, Sexismus und Nationalismus, diese sind im Gegenteil aufeinander bezogen und bekommen ihre Bedeutung erst im Verhältnis zueinander. Dieses Zusammenwirken zeigt sich auch daran, dass verschiedene Ebenen von Macht nicht isoliert voneinander wirken. Das bedeutet, in den Worten von Jeff Hearn, das »Nationale ist zugleich persönlich und verkörperlicht; das Verkörperlichte ist zugleich strukturell« (Hearn 2013: 125). Dieser Zusammenhang wird in den Begriffen und Metaphern von Verschränkung, Verstrickung und Verwobenheit ausgedrückt, die in vielen Theorien der Intersektionalität im Gebrauch sind und die den dynamischen Effekt der Intersektion verdeutlichen. Die Verstrickung der Machtformen untereinander produziert ein gesellschaftliches Gewebe, das spezifische Muster von Diskriminierungs- und Marginalisierungseffekten aufweist, die sich historisch, geografisch und kulturell auf je eigene Weise herausbilden.

Wenn wir diese Einsicht ernst nehmen, dann folgt daraus, dass das Erfassen der intersektionalen Komplexität von Machtverhältnissen nur mit einem adäquaten Machtverständnis möglich ist. Dieses muss den Zusammenhang von Gender, Race, Class und anderen Herrschaftsstrukturen erklären können und es muss gleichzeitig vermeiden, ein eindimensionales Verständnis eines Systemganzen zu entwickeln, in dem es nur eine einzige Funktionslogik gibt. Dabei zeigt sich, dass der Gegensatz zwischen additivem und intersektionalem Ansatz nicht so klar ist, wie viele Theorien behaupten. Intersektionale Ansätze bewegen sich vielmehr in einem Kontinuum, das sich von der (additiven) Kombination getrennter Diskriminierungsachsen auf der einen Seite bis zur konstitutiven Verbindung von Herrschaftsformen auf der anderen Seite bewegt. Dabei gilt als Regel, dass die Ansätze umso additiver sind, je stärker sie sich auf faktische *Strukturen* der gesellschaftlichen Spaltung und Teilung konzentrieren, und umso synthetischer, je stärker sie die *Genese* hegemonialer Verhältnisse, Normen und Diskurse ins Zentrum rücken. Im Folgenden werden einzelne Konzepte näher dargestellt, mit denen die Intersektionalität von Macht erfasst wird.

Die Verbindung von Raster und Assemblage

Nach Jasbir Puar (2012) beruht das Konzept der Intersektion auf der Logik eines Rasters oder Gitters, das eine räumlich-statische Positionierung von Subjekten ermöglicht. Nach dieser Logik, so ihre These, lassen sich spezifische Subjektpositionen – zum Beispiel jene von afroamerikanischen armutsbetroffenen Frauen in den USA, die ein Thema von Crenshaws Analysen sind – in einem Machtgefüge lokalisieren. Dieses Gefüge bildet sich entlang der Machtachsen von ›Rasse‹, Geschlecht, Sexualität, Befähigung, Nationalität und anderem mehr, die einerseits Hierarchien und andererseits Spaltungen beschreiben. Jedes Subjekt lässt sich in einem solchen gesellschaftlichen Feld von hierarchischen Differenzierungen positionieren.

Für Jasbir Puar liegt die Schwäche der Intersektionalität in dieser statisch-räumlichen Logik sozialer Machtverhältnisse, die ihr zufolge letztlich nicht erklären kann, wie sich dieses Gitter erzeugt, verändert und selbst am Leben hält. Sie schlägt darum vor, das räumlich-statische Modell der Intersektionalität mit dem Ansatz der Assemblage zu verbinden, da beide eine spezifische Perspektive der Kritik ermöglichen. Während das Konzept der Intersektionalität nach Puar beschreiben kann, wie sich gesellschaftliche Macht- und Ungleichheitsverhältnisse fixieren und die Gesellschaft parzellieren und fragmentieren, kann das Konzept der Assemblage erklären, wie sich Machtgefüge verschieben, soziale Positionen mit Kraft füllen, Konflikte erzeugen und das gesellschaftliche Machtgefüge durch »affective capacities and tendencies« (Puar 2012: 63) mit der Energie von Kräfteverhältnissen am Leben halten oder zu einem Ort von Konflikten machen.

Was Puar begrifflich trennt – intersektionale Hierarchien und Spaltungen einerseits, die Dynamik von Assemblagen andererseits – wird aber in anderen Konzepten der Intersektionalität gerade zusammengedacht. In diesen Ansätzen geht es darum, Intersektionalität als dynamischen Prozess zu erfassen und entsprechend mit einem Machtkonzept zu verbinden, das gesellschaftliche Veränderungen und die Kontingenz von Machtformationen erklären kann.

Hegemoniale Matrix

Machttheoretisch kann das intersektionale Raster der Machtstrukturen auch als Matrix gedeutet werden. Mit diesem Begriff wird deutlich, dass das Raster den Subjekten nicht äußerlich ist, sondern dass es das Raster selber ist, das die Subjekte in ihrer spezifischen Positionalität erzeugt. In *Black Feminist Thought* verweist Patricia Hill Collins in diesem Sinn auf eine »matrix of domination«, die Theorie und Praxis formiert (Collins 2000). Diese Matrix besteht aus miteinander verschränkten Herrschaftssystemen, funktioniert dabei aber nicht als ein Raster oder Gitter, sondern, wie es Joanne Conaghan in Anspielung auf die ursprüngliche Bedeutung des griechischen Wortes Matrix formuliert, eher als ein »womb« – ein Schoß oder Mutterleib, der die Herrschaftsverhältnisse entstehen lässt (Conaghan 2009: 37).[23]

Diese Matrix kann im Sinne von Judith Butler auch als eine hegemoniale Matrix bezeichnet werden. Demnach ist das gesellschaftliche Raster eines, das durch Normen funktioniert. »Die Norm [...] erlegt dem Sozialen ein Gitter der Lesbarkeit auf und definiert die Parameter dessen, was innerhalb des Bereichs des Sozialen erscheinen wird und was nicht.« (Butler 2009: 73) Damit wird deutlich, dass sich die Herausbildung von Subjektpositionen an impliziten, hegemonialen Vorstellungen des Allgemeinen orientiert, die bestimmen, welche Formen sozialer Differenzierung wirkmächtig werden.

Im Sinne von Antonio Gramscis Verständnis von Hegemonie impliziert das Konzept einer hegemonialen Matrix immer auch, dass die Produktivität einer Matrix nicht einem neutralen Feld entspricht, sondern dass ihr asymmetrische Kräfteverhältnisse immanent sind. Hegemonien sind Ausdruck von Werten und Normen, die sich als allgemeine setzen und durchsetzen können, obwohl sie primär den Interessen einer spezifischen Gruppe dienen. Im Konzept der hegemonialen Matrix kommen entsprechend zwei Traditionen zusammen, die in unterschiedliche Richtungen weisen. Während Collins eher aus einer gesellschaftstheoretischen Perspektive argumentiert, in der die Wirkmacht der Matrix darin liegt, materielle Ungleichheit zu erzeugen (2012), argumentiert Butler in einem poststrukturalistischen Rahmen und identifiziert die Wirkmacht der Matrix mit Effekten der Intelligibilität und Lesbarkeit gesellschaftlicher Subjektivierung. Für Sirma Bilge liegt der Anspruch der Intersektionalitätstheorie aber darin, die verschiedenen Bereiche gesellschaftlicher Wirkmacht in ihrer Verschränkung und Verbindung erfassen zu können. Sie schlägt darum vor, die Macht der Intersektionalität durch das Konzept der Artikulation zu deuten (Bilge 2014b).

Artikulation

Um den dynamischen und produktiven Effekt der Intersektionalität zu erfassen, greifen viele Intersektionalitätstheorien auf das Konzept der Artikulation zurück, wie es von dem britischen Soziologen Stuart Hall entwickelt wurde (Collins 2012; Bilge 2014b; Walgenbach 2014). Nach Patricia Hill Collins bedeutet der Nachweis der wechselseitigen Konstruktion der Herrschaftssysteme von »gender, race, class, and nation« zu erklären, »how they ›articulate‹ with one another« (Collins 2012: 21). Entscheidend ist dabei, dass Hall die Bereiche staatlicher Institutionen, ökonomischer Verhältnisse und ideologischer Normen aufeinander bezieht und im Konzept der Artikulation verbindet. Collins analysiert diese Verbindung am Beispiel des Ideals des traditionellen Familienmodells, das als ideologisches Konstrukt gesellschaftliche Wirklichkeit formt und Herrschaftsformationen materiell ineinander verschränkt und miteinander verbindet. Konzepte wie die Familie dienen als Vehikel der Verdichtung, Verknüpfung und Transmission unterschiedlicher Diskriminierungspraktiken auf unterschiedlicher Ebene.

Wichtig am Konzept der Artikulation ist die Betonung der Gleichrangigkeit und historischen Gleichzeitigkeit in der Entstehung und Wirkung unterschiedlicher Machtstrukturen. Die Gleichrangigkeit grenzt sich dabei von jenen Ansätzen ab, die, wie etwa der Radikalfeminismus, davon ausgehen, dass es eine einzige Herrschaftslogik gibt, in diesem Fall die geschlechtliche Arbeitsteilung, die alle anderen Differenzierungsverhältnisse nach Klasse und ›Rasse‹ begründet und am Ursprung aller geschlechtlichen Arbeitsteilung und Herrschaftsverhältnisse steht (Hartsock 1983: 259).

Das Konzept der Intersektionalität als Artikulation weist Überschneidungen zu Ansätzen auf, die die Verschränkung von Machtformationen nicht durch den ihrer Meinung nach irreführenden Begriff der Intersektionalität, sondern durch Begriffe der Interdependenz (Walgenbach et al. 2007)[24], Simultaneität (Erel et al. 2007) oder Mehrdimensionalität (Demirović/Maihofer 2013: 40)[25] bezeichnen. Auch wenn diese Ansätze untereinander nicht identisch sind und jeweils andere Aspekte in den Vordergrund rücken, so ist eine Gemeinsamkeit dieser Begriffe die Kritik am Modell der intersektionalen Überkreuzung, weil es konzeptionell verdeckt, dass verschiedene Macht- und Diskriminierungsformen historisch in Bezugnahme aufeinander entstanden sind. Im Bild der Überkreuzung ist undenkbar, dass sich ›Rasse‹, Klasse, Geschlecht und Sexualität in ihrer historischen und gesellschaftlichen Wirkung wechselseitig stützen und durchdringen und darum nicht isoliert voneinander zu konzipieren sind. Tatsächlich wird etwa das biologistische Konzept der Rasse im 19. und 20. Jahrhundert durch vielfältige Diskurse mitgeprägt, in denen eine hierarchische Zweigeschlechterordnung, heterosexuelle Familien- und Staatsmodelle und bürgerliche Klassenverhältnisse mit natur- und humanwissenschaftlichen Diskursen zu Natur und Kultur verquickt werden (Walgenbach 2005; Maihofer 2001). Entsprechend gilt auch, dass die Herausbildung der Geschlechterordnung und der hegemonialen Normen von Männlichkeit und Weiblichkeit im 19. und 20. Jahrhundert durch ein heteronormatives Modell von Zweigeschlechtlichkeit bestimmt wird, das zugleich klassenspezifisch, eurozentristisch und rassisiert ist (Maihofer 2015: 638, 646). Die Stärke von Halls Konzept der Artikulation liegt darin, dass in der Rekonstruktion dieser Prozesse die umkämpfte Kontingenz der Bedeutungen genauso im Blick bleibt wie die materiellen ökonomischen Strukturen und Institutionen, die sich in solchen Artikulationen verketten und stabilisieren.

Dispositiv und Gouvernementalität

Ein anderes Machtmodell, das die Produktivität intersektionaler Verschränkungen fassen kann, findet sich bei Michel Foucault. Foucaults Begriffe des ›Dispositivs‹ und der ›Gouvernementalität‹ beschreiben, wie sich unterschiedliche Machtformationen und -logiken verbinden und wechselseitig stützen (Foucault 1983; 2004a und b). Dispositive, so Foucault, »verketten« Machttaktiken (Foucault 1983: 116). Ihre Leistung besteht darin, die geschichtswirksamen »großen anonymen Strategien« (ebd.) der Ungleichheitsverhältnisse und Spaltungspraktiken zu stabilisieren, ohne die Handlungsfähigkeit der Beteiligten zu zerstören. Ähnlich funktioniert auch das moderne Konzept der Gouvernementalität. Der von Foucault geschaffene Neologismus der ›Gouvernementalität‹ bezeichnet ein Ensemble moderner Macht, in dem verschiedene Traditionen und Typen von Macht zusammenspielen. Gouvernementalität, so Foucault, ist eine »Gesamtökonomie der Macht« (2004: 26). Sie besteht aus einem »Dreieck« (ebd.: 161) von Machtformen, gebildet aus der staatlichen Macht der Souveränität, der humanwissenschaftlichen Macht der Disziplin und der Macht ökonomischen Regierens. Das Merkmal der Gouvernementalität liegt darin, diese unterschiedlichen Machtformen in ein Verhältnis zu bringen, indem sich ein bestimmter Typus der Macht – im Fall (neo-)liberaler Gesellschaften ist es das Prinzip des ökonomischen Regierens – die anderen beiden Machtformen unterwirft und zu Diensten nimmt. Liberales Regieren orientiert sich also am Prinzip der Ökonomie und stützt sich dabei auf souveräne Herrschaftstechniken und auf disziplinierende Subjektivierungstechniken.[26] Das Beispiel einer solcher Kombination von Machttechniken ist nach Foucault die Biopolitik oder Biomacht, deren Ziel es ist, die Vitalität und Lebenskraft jedes Einzelnen und der ganzen Bevölkerung zu fördern, ökonomisch zu verwerten und diejenigen, die als ›nicht lebenswert‹ gelten, aus dem Bevölkerungskörper auszuschließen (Foucault 2001).

Ladelle McWhorter (2004) konkretisiert dieses Zusammenwirken von Machtpraktiken im Rückgriff auf Foucaults Genealogie der Biomacht, indem sie zeigt, wie Race und Sex darin verbunden sind. Sie rekonstruiert, wie Foucault die moderne Biomacht als Teil des Sexualitätsdispositivs exponiert, und zeigt die Analogien in Bezug auf die Entwicklung des modernen Rassenkonzepts und des Rassismus (ebd.: 47 f.). Daraus folgert sie, dass Sex und Race das Produkt einer gleichen Machtformation sind, die mit Foucault der Disziplin und der Biomacht zuzuordnen sind (ebd.: 48).

Um zu verstehen, wie sich die Sowohl-als-auch-Logik intersektionaler Macht denken lässt, sind also Foucaults Konzepte des Dispositivs und der Gouvernementalität hilfreich, obwohl vor allem Letzteres in der Literatur zur Intersektionalität wenig thematisiert wird. Die Pointe von Foucaults Verständnis von Gouvernementalität liegt darin, dass sich hier verschiedene Machtformationen nicht nur verbinden, sondern dass jeweils eine die Führung übernimmt und die andere in ihren Dienst zwingt. So lässt sich erklären, wie sich die staatliche Macht des Souveräns, die disziplinierende Macht der Humanwissenschaften und eine die Freiheit anreizende Macht des Kapitalismus ineinander verketten und sich wechselseitig stützen und verstärken, aber auch historisch verändern, je nachdem, welcher Machttyp den anderen die Ziele und Logiken vorgibt. Wenn wir diese Funktionsweise auf das Zusammenwirken von Machtlogiken nach ›Rasse‹, Geschlecht und Klasse übertragen, so bedeutet dies, dass sich diese Herrschafts- und Diskriminierungsformen in ihrer jeweiligen Logik voneinander unterscheiden lassen – sie folgen demnach unterschiedlichen Rationalitäten, Wirkungsformen und Zielsetzungen –, sind zugleich aber in einer konkreten historischen Konstellation miteinander verknüpft. So realisiert sich der Rassismus in einer liberalen, kapitalistischen Gesellschaft in anderer Verknüpfung mit Religion, Sexualität und Geschlecht als in einer feudalen Gesellschaft. Zugleich zeigt die Geschichte, dass der Rassismus selber in verschiedenen Zeiten unterschiedlichen Logiken folgt und es also kein ahistorisches Konzept von Rassismus gibt, wie Foucault selber am Beispiel der Genealogie des Verhältnisses von Rassendiskursen und Nationalstaat rekonstruiert (Foucault 2001).

Da Foucault selber sich nicht explizit für die intersektionale Verbindung von ›Rasse‹, Geschlecht, Sexualität und Klasse interessiert, kann er nicht als ein Theoretiker der Intersektionalität bezeichnet werden. Sein Modell der Gouvernementalität als historisch-systematische Verbindung von Disziplin, Biomacht und Souveränität bietet aber eine Möglichkeit zu verstehen, was es heißt, Herrschaftsformationen als getrennt *und* als miteinander verbunden zu konzipieren.

Gesellschaftsvertrag

Eine eher marginale Position innerhalb der Intersektionalitätsansätze formulieren Carole Pateman und Charles W. Mills. Sie konzipieren Intersektionalität in der Logik des Gesellschaftsvertrags, eines seit Thomas Hobbes gängigen Modells in der politischen Philosophie, mit dem gesellschaftliche und staatliche Institutionen in ihrer Funktion und Legitimität rekonstruiert werden. Der Gesellschaftsvertrag bringt zum Ausdruck, dass sich gesellschaftliche und politische Verhältnisse nicht naturwüchsig, das heißt durch natürliche Ursachen erklären lassen, sondern dass sie ein Produkt der Geschichte und damit des sozialen Handelns von Menschen sind. Nach Carole Pateman stützen sich moderne Nationalstaaten auf einen Gesellschaftsvertrag, der aus den drei Dimensionen des »social, sexual, and racial« (Pateman/Mills 2007: 134) besteht, die sich wechselseitig unterstützen und verstärken. Nach Pateman lassen sich für diese miteinander verwobenen Verträge in der Geschichte konkrete Gesetze und Institutionen identifizieren, die das Zusammenwirken stabilisieren. Zugleich lässt sich der Zusammenhang zwischen den drei Dimensionen auch ideengeschichtlich auf der Ebene der neuzeitlichen Staatstheorien rekonstruieren (ebd.). Obwohl Patemans Konzeption eines Gesellschaftsvertrags, der ökonomische, sexuelle und rassische Herrschaft miteinander verknüpft und sich wechselseitig legitimiert, ein intersektionales Konzept ist, schließt sie selber nicht an Theoriebildungen zur Intersektionalität an. Insofern bleibt dieser philosophische Ansatz in der mehrheitlich sozialwissenschaftlich orientierten Intersektionalitätstheorie marginal. Das hängt auch damit zusammen, dass die Logik des Gesellschaftsvertrags nicht erklären kann, wie Machtformationen Subjekte, Handlungsfelder und Handlungsfähigkeiten generieren.

Abschließend kann festgehalten werden, dass die Frage nach der Organisation intersektionaler Machtverhältnisse nur zu beantworten ist, wenn diese genealogisch und historisch rekonstruiert und als materielle Verbindung unterschiedlicher gesellschaftlicher Herrschaftspraktiken bestimmt wird. Zugleich ist es nötig, die Spezifika der jeweiligen Herrschaftslogiken in Form von Rassismus, Sexismus, Klassenausbeutung und anderem zu erkennen, um überhaupt zu verstehen, wie sie sich wechselseitig ergänzen oder allenfalls auch in Konflikt zueinander stehen, das heißt, wie sich Kontinuitäten und Brüche, Verschiebungen und Neuanfänge im Herrschaftsgefüge erklären lassen. Das Gewebe intersektional verstrickter Machtverhältnisse ist demnach gleichbedeutend mit dem Material, aus dem Geschichten geformt sind, und den Narrativen, mit denen sie erklärt werden.

Im nächsten Abschnitt ist nun zu fragen, welche Rolle die sozialen Kategorien dabei spielen, intersektionale Herrschaftslogiken zu erkennen und zu überwinden.

2.4 Kategorien als Analyserahmen

Ein entscheidendes Merkmal von Intersektionalitätsansätzen ist es, dass sie den Gegenstand ihrer Kritik und ihr eigenes analytisches Instrumentarium kategorial rahmen. Das heißt, Theorien der Intersektionalität operieren mit sozialen Differenzierungskategorien wie Geschlecht, ›Rasse‹, Sexualität und Klasse, indem sie anhand dieser Kategorien herrschaftsförmige Sichtweisen und Praktiken freilegen und ihre machtförmigen Verschränkungen aufzeigen. Soziale Kategorien werden dabei nicht als Begriffe für ahistorische Wesenheiten oder Denkstrukturen gedeutet – so wie etwa Aristoteles von den zehn Kategorien des Seins spricht oder Immanuel Kant von den zwölf Kategorien der Verstandestätigkeit. Intersektionalitätstheorien arbeiten vielmehr mit Begriffen, die historische Verhältnisse bezeichnen und selber Effekte historischer Diskurse sind, und sie greifen in diesem Sinn auf ein nicht-essenzialistisches Verständnis von Kategorien zurück.

Gleichwohl sind Kategorien mehr als bloße Wörter oder Namen. Kategorien beanspruchen, empirische Vielfalt unter einen begrifflichen Nenner zu bringen, und sie formulieren in diesem Sinn einen Anspruch auf Einheit und Allgemeinheit. Kategorien sind Ausdruck einer analytischen Perspektive, die ein Phänomen epistemisch konstruieren und dadurch erklärbar machen will.

Der kategoriale Bezugsrahmen der Intersektionalitätsforschung beinhaltet verschiedene Aspekte, auf die in diesem Abschnitt näher eingegangen wird. Kategorien können als heuristisches oder analytisches Instrument dienen, das soziale Phänomene zu strukturieren erlaubt. Kategorien können aber auch selber zum Gegenstand intersektionalitätsbezogener Analysen werden. Wichtig ist in beiden Fällen, die inhaltlichen und begrifflichen Unterschiede von sozialen Kategorien bewusst zu halten und ihre Doppeldeutigkeit als Identitäts- *und* Herrschaftsbegriffe zu erkennen. Ein weiterer wichtiger Aspekt der kategorialen Rahmung der Intersektionalitätstheorien liegt darin, dass Kategorien eng mit Mobilisierungsbewegungen zusammenhängen und als Sammelbegriff für politische Allianzen und Identitätspolitiken dienen können.

Identitäts- und Herrschaftskategorien

Eine Eigenheit des Umgangs mit sozialen Differenzierungskategorien in Intersektionalitätstheorien liegt darin, dass sie eine spezifische Doppeldeutigkeit aufweisen. Sie dienen einerseits als Begriffe, um Individuen, Gruppen oder Institutionen in ihrer sozialen *Identität* zu bezeichnen, zugleich verweisen sie aber auf gesellschaftliche *Herrschaftsstrukturen*, die Identitäten und Identitätsbegriffe formen und unterschiedlichen Machteffekten aussetzen. Soziale Identitätskategorien wie männlich und weiblich, schwarz und weiß, homo- und heterosexuell bezeichnen demnach keine natürlichen Merkmale von Individuen und Gruppen, sondern sie sind Effekte machtförmiger Praktiken, die soziale Unterscheidungslinien ziehen, mit Bedeutung versehen und in einem Feld gesellschaftlicher Verhältnisse hierarchisch positionieren.

Der Gebrauch von sozialen Kategorien in Intersektionalitätsanalysen hat entsprechend eine semantische Mehrdeutigkeit. Je nach Kontext verweist er auf Identitäten oder auf Herrschaftsstrukturen. Diese Verknüpfung hängt mit der dialektischen Logik von Identität und Differenz zusammen. Identitäten verdanken sich immer Differenzierungs-, Abgrenzungs- und Ausschlussprozessen, durch die sie als Identitäten formiert werden oder sich selbst formieren, so dass Kategorien logisch gesehen sowohl als Identitätskategorien als auch als Differenzierungskategorien analysiert werden können. Im Feld sozialer Machtverhältnisse sind Differenzierungsprozesse mit verschiedenen Herrschaftseffekten verbunden. Daher ist es möglich, Identitätskategorien danach zu befragen, wie sich in ihnen machtförmige Differenzierungspraktiken niederschlagen und wie Identität zur Herstellung von Diskriminierungs- und Ungleichheitspraktiken eingesetzt werden kann.

Aufgrund dieser Mehrdeutigkeit sozialer Kategorien als Identitäts- und Herrschaftsbegriffe ist der Schluss verkürzt, dass es im Konzept der Intersektionalität nur um den Aufweis der komplexen Formierung von Identitäten gehe. Cho, Crenshaw und McCall wehren sich vehement gegen eine solche identitätszentrierte Lesart des Intersektionalitätskonzepts und erinnern daran, dass es im *Black Feminism* immer um Machtstrukturen gegangen sei und nicht um die Frage, wer jemand sei (Cho et al. 2013: 797). Das Interesse von Intersektionalitätsansätzen an sozialen Identitäten hängt also damit zusammen, dass Identitäten durch Herrschaftspraktiken geformt werden und in diesem Sinn auf Machtverhältnisse verweisen, auf die sie aufmerksam machen können. Nur weil Identitäten Teil von Herrschaftsformationen sind, kann die Analyse von kategorialen und intersektional verschränkten Identitätszuschreibungen überhaupt ihr kritisches Potenzial entfalten.

Nicht alle Identitäten sind aber im selben Ausmaß mit Herrschaftsstrukturen verbunden. Es gibt auch deskriptive Zuschreibungen von Identitätsmerkmalen, die Individuen und Gruppen voneinander unterscheiden, ohne dass damit notwendig Hierarchisierungen und Marginalisierungen verbunden werden. So kann die Unterscheidung von Menschen nach ihrer Augenfarbe, Schuhgröße oder ihrem Musikgeschmack politisch neutral sein und diskriminierungsfrei bleiben. Diese Unterschiede können aber jederzeit herrschaftsförmig instrumentalisiert werden, etwa wenn Menschen mit blauen Augen zu einer höheren ›Rasse‹ gezählt und dadurch privilegiert werden und Menschen mit braunen Augen verfolgt oder gar vernichtet werden. Auch kulturelle Vorlieben sind nicht machtneutral, etwa wenn Menschen, die gerne die Musik Ludwig van Beethovens hören, einen höheren sozialen Status beanspruchen können als jene, die Hip Hop oder Volksmusik lieben.

Nira Yuval-Davis formuliert es wie folgt. Differenz als solche ist nicht identisch mit Ungleichheit. Nur wenn Identitäts- oder Differenzkategorien Indikatoren von Ungleichheit sind, sind sie ein politisches und ethisches Problem (Yuval-Davis 2009: 57). Entscheidend für die kritische und transformative Leistung der Intersektionalitätsanalyse ist demnach, dass sie vorrangig jene Formen von Identität und Differenz im Blick hat, die mit Ungleichheit, Ausschluss und Gewalt verbunden sind, und das heißt, dass sich die Analyse intersektionaler Identitäten auf Herrschaftsstrukturen bezieht.

Die Analyse sozialer Identitätsbegriffe als Herrschaftsbegriffe ist kein Spezifikum der Intersektionalitätsforschung. Auch die Geschlechterforschung versteht Gender als Effekt und Medium von Macht. Gender, so lautet Joan Scotts berühmte Formulierung, ist der Begriff für ein Herrschaftsverhältnis und die Möglichkeit, diesem Herrschaftsverhältnis Bedeutung zu verleihen (Scott 1986). Nur weil dieser Zusammenhang erkannt wird, funktioniert Gender als eine analytische und kritische Kategorie, die gesellschaftliche Herrschaftsformen erkennbar machen kann. Was für Gender gilt, trifft auch auf die kritischen Kategorien von ›Rasse‹, Klasse, Sexualität, Befähigung und andere mehr zu. Dabei ist es wichtig, die Gemeinsamkeiten *und* Unterschiede in den Herrschaftslogiken der sozialen Analysekategorien zu erkennen.

Gemeinsamkeiten und Unterschiede sozialer Identitätskategorien

Die Macht, die in ›Rasse‹, Klasse, Geschlecht und anderen Kategorien am Werk ist, wird in vielen Intersektionalitätstheorien mit Strukturen der *Ungleichheit durch Erzeugung binärer Asymmetrien* gleichgesetzt. So definiert etwa Regina Becker-Schmidt Geschlecht im Sinne von zwei »getrennten Genus-Gruppen« durch die Logik von männlicher Suprematie und weiblicher Subordination (Becker-Schmidt 2007: 64). Bei der Kategorie der ›Rasse‹ dient ›weiß‹ als Superioritätsprinzip (ebd.: 67), während Klasse auf einen antagonistischen Konfliktbegriff verweist. In allen diesen Strukturprinzipien manifestieren sich demnach Verhältnisse der Über- und Unterordnung (ebd.: 70).

Cornelia Klinger führt Klasse, Geschlecht und ›Rasse‹ auf drei gesellschaftliche Grundstrukturen zurück, die mit dem »Überleben von Körpern«, mit der »Reproduktion der Gattung« und mit »Fremdheit« zusammenhängen (Klinger 2008: 42–43). Allen drei Kategorien ist jeweils eine binäre Unterscheidung eigen. Klasse unterscheidet nach Kapital/Arbeit, Geschlecht nach Mann/ Frau und ›Rasse‹ respektive Ethnizität nach wir/sie (ebd.: 54).

Auch für Helma Lutz und Norbert Wenning lassen sich soziale Differenzkategorien auf eine Ungleichheitsstruktur zurückführen, die dualistisch funktioniert (Lutz/Wenning 2001: 20). Sie orientieren sich dabei nicht an der Logik von Über- und Unterordnung, sondern an derjenigen von Norm und Abweichung. Diese Logik ist nicht nur in Kategorien wie Geschlecht, Sexualität, ›Rasse‹, Nation und Sexualität am Werk, sondern auch in Differenzkategorien wie Kultur, Alter, Sesshaftigkeit, Bildung oder Besitz (ebd.: 20).

Eine weitere Gemeinsamkeit vieler sozialer Identitäts- respektive Differenzierungskategorien liegt darin, dass ihr Charakter als soziale Konstruktion verdeckt ist. Insbesondere ›Rasse‹ und Geschlecht stehen alltagssprachlich für Phänomene, die als wesentliche und natürliche Eigenschaften von Menschen gelten. So transportiert die Kategorie Geschlecht nicht nur hierarchische Normen von heterosexueller Männlichkeit und Weiblichkeit, sondern auch den Zwang, »überhaupt ein Geschlecht zu werden« (Maihofer 2015: 647) und dieses Geschlecht als eigene personale Identität ein Leben lang zu verkörpern und zu leben.

Essenzialisierung und *Naturalisierung* sind demnach konstitutiv dafür, wie die Kategorien ›Rasse‹ und Geschlecht seit dem 19. Jahrhundert als Herrschaftstechniken verwendet werden. Beide Begriffe legitimieren Ungleichheit durch den Rückgriff auf scheinbar natürliche, biologische Unterschiede (Klinger/Knapp 2007: 85).[27] Durch diesen gemeinsamen Bezug auf eine biologisch-naturhafte Körperlichkeit sind sowohl Geschlecht als auch ›Rasse‹ eng mit Generativität und Herkunft verbunden (McWhorter 2004) und werden durch Ungleichheitsstrukturen nach Alter und Befähigung geprägt (Hearn 2013).

Der Rekurs auf Natur und Körperlichkeit unterscheidet die genannten sozialen Kategorien tendenziell von jener der Klasse. Klasse verweist vor allem in der marxistischen Tradition des Gebrauchs auf soziale Ungleichheitslagen, die primär durch ökonomische Strukturen bedingt sind. Klasse wird dadurch als Ausdruck historischer und gesellschaftlicher Verhältnisse gedeutet, die grundsätzlich veränderbar sind, während die Kategorien Geschlecht und ›Rasse‹ im Alltagsverständnis stärker mit Konnotationen der Unveränderlichkeit, der Naturhaftigkeit und Notwendigkeit geschlechtlicher und rassischer Ungleichheiten verbunden werden. Entsprechend ist es ein zentrales Anliegen feministischer und antirassistischer Ansätze, die These von der Natürlichkeit der Kategorien ›Rasse‹ und Geschlecht zu entkräften.

Aber auch wenn aus kritischer Perspektive nachvollziehbar wird, dass soziale Kategorien immer ein Ergebnis historischer Konstruktionsprozesse sind, funktionieren sie nicht alle in derselben Weise als Identitäts- und Herrschaftsbegriffe. So moniert Nancy Fraser, dass Gender, Race, Class und Sexuality als kritische Begriffe nicht alle den gleichen Gehalt haben können, weil sie auf unterschiedliche Weise auf Identität respektive Differenz bezogen sind (Fraser 2003). Fraser unterscheidet dabei zwei Typen von sozialen Kategorien, die sie, im Rückgriff auf Max Webers Unterscheidung von Klasse und Stand, »Klassen« und »Statusgruppen« nennt (Fraser 2003: 25). Diese beiden Typen werden durch unterschiedliche Diskriminierungslogiken geformt: Die Klassen entstehen im Sinne der kapitalistischen Logik durch ökonomische Arbeitsteilung und Ausbeutungsverhältnisse, die Statusgruppen bilden sich im Rahmen einer Wertelogik durch kulturelle, ungleiche Anerkennungspraktiken. Gender, Race, Class und Sexuality sind nach Fraser in unterschiedlicher Weise auf diese beiden Diskriminierungsstrukturen bezogen. So funktionieren Gender und Race einerseits analog zu Class, weil sie durch gesellschaftliche Arbeitsteilungen und Ausbeutungsverhältnisse gebildet werden, andererseits bezeichnen Gender und Race, analog zu Sexuality, soziale Identitäten, die durch unterschiedliche Statuspositionen generiert werden, die auf kulturellen Werten basieren.

Nach Fraser leiten sich aus der unterschiedlichen Logik von Gender, Race, Sexuality und Class unterschiedliche politische Forderungen ab. Da die Kategorie Class der direkte Ausdruck von ökonomischer Ausbeutung und hierarchischer Arbeitsteilung ist, kann sie keinesfalls Anspruch darauf erheben, anerkannt und wertgeschätzt zu werden. Die Klassendifferenzen müssen nach Fraser vielmehr abgeschafft werden. Anders aber steht es mit Race, Gender und Sexuality. Diese können nach Fraser Anspruch auf Anerkennung und Wertschätzung erheben, insofern sie Ausdruck kultureller Differenzierungen sind.

Frasers Unterscheidung zweier kategorialer Differenzierungslogiken ist nicht ohne Widerspruch geblieben. Kritisiert wird zum einen, dass sie die ökonomische und die kulturelle Sphäre trennt, statt sie in ihrem intersektionalen Zusammenhang zu verbinden (Yuval-Davis 2013). Dadurch wird etwa Sexualität als ein rein kulturelles Phänomen begriffen, und die Analyse der heterosexuellen Arbeitsteilung der Gesellschaft bleibt ausgeklammert. Ferner ist aus einer Intersektionalitätsperspektive auch fraglich, ob es sinnvoll ist, Klasse als ein rein ökonomisches Strukturprinzip zu deuten. In diesem Sinn meint Patricia Hill Collins, dass es zwei Arten gebe, Klasse zu definieren (Collins 2003: 213). Der eine Zugang identifiziert Klassen nach dem ökonomischen Status bestimmter sozialer Gruppen innerhalb eines kapitalistischen Systems. Der andere Zugang setzt bei der konkreten, historisch-materialistischen Analyse der ökonomischen Lebensbedingungen sozialer Gruppen an und generiert im Zuge dieser Analyse neue Klassenphänomene und -strukturen (Collins 2003: 213). Mit diesem Ansatz werden nach Collins die kritischen analytischen Konzepte letztlich aus der historischen Analyse gewonnen und nicht von außen an diese herangetragen, wie es Frasers Typologie von Race, Class, Gender und Sexuality nahelegt. Erst in dieser Perspektive wird sichtbar, wie etwa institutionalisierter Rassismus und die Sklaverei als Produktionsverhältnisse die konkreten Lebensbedingungen von Afroamerikaner_innen als einer sozialen Gruppe in den USA prägen (Collins 2003: 214).

Um der intersektionalen Komplexität historischer Herrschaftsformationen gerecht zu werden, sind demnach jene Intersektionalitätsansätze besonders geeignet, die soziale Kategorien in ihrer Bedeutungsbreite ausweisen. Je stärker dagegen Intersektionalitätsanalysen mit vorgefertigten Kategorien operieren und diese dekontextualisiert verwenden, desto größer ist auch die Gefahr, dadurch in einen additiven Ansatz zurückzufallen, der den leitenden Intentionen der Intersektionalitätstheorie gerade widerspricht. Theorien der Intersektionalität sollten die semantische Komplexität der Kategorien als Identitäts- und Herrschaftsbegriffe erhöhen, ihre Historizität und Kontextualität ausweisen und ihre vielfältigen Machteffekte ausdifferenzieren. Diese Haltung führt tendenziell dazu, dass sich Kategorien verflüssigen und verändern und dass sie in ihren wechselseitigen Bezügen erkennbar werden. Mit Leslie McCall kann dieser Ansatz als anti- und intrakategorialer Zugang der Intersektionalität definiert werden.

Anti-, intra- und interkategoriale Intersektionalität

In ihrem zentralen Aufsatz *The Complexity of Intersectionality* von 2005 nennt Leslie McCall die Erforschung von Komplexität als Charakteristikum der Intersektionalitätsansätze. Dabei unterscheidet sie drei Zugänge, um diese intersektionale Komplexität fassbar zu machen, und bezeichnet diese als antikategoriale, intrakategoriale und interkategoriale Ansätze. Sie skizziert damit drei unterschiedliche Weisen, wie Intersektionalitätsforschungen mit sozialen Identitäts- und Strukturkategorien wie Geschlecht, ›Rasse‹, Ethnizität, Klasse, Religion oder Alter arbeiten.

Der *antikategoriale Zugang* nähert sich sozialen Identitätskategorien aus einer kritischen Perspektive. Er zeigt auf, dass soziale Kategorien grundsätzlich herrschaftsförmig sind, weil sie Individuen und Gruppen unter einer eindimensionalen Identität erfassen. Diese Zuschreibungen wirken homogenisierend und normalisierend und können der Komplexität von individuellen Identitäten, Selbstverhältnissen und kulturellen Praktiken nicht gerecht werden. Mittels der Methoden der Genealogie, Dekonstruktion, Ethnografie und Psychoanalyse wird die gewaltförmige Logik kategorialer Identifizierung freigelegt und es wird infrage gestellt, ob Menschen und Gruppen überhaupt kategorisiert werden sollen (McCall 2005: 1778).

Der *intrakategoriale* Ansatz argumentiert ähnlich, lehnt aber soziale Kategorien nicht generell ab, sondern will den Umgang mit ihnen lediglich komplexer und kritischer gestalten. Bei der intrakategorialen Analyse geht es um den Nachweis, dass kategoriale Identitäten mehrdimensional zu verstehen sind, intern ausdifferenziert werden müssen und sich allenfalls in neue Subkategorien aufschlüsseln lassen. Diese Methode entspricht nach McCall einem narrativen, ethnografischen, sozialwissenschaftlichen und qualitativen Zugang, in dem das Besondere, das heißt eine einzelne konkrete Gruppe, ein einzelnes Individuum, ein ideologisches Konzept oder ein bestimmtes soziales Setting im Zentrum steht und in seiner Komplexität ausdifferenziert wird (McCall 2005: 1781).

Nach McCall ist die Entstehung der Intersektionalitätstheorien maßgeblich durch das intrakategoriale Denken von Komplexität geprägt. Sie verweist dabei auf die Forschungen von Kimberlé Crenshaw und auf die Analysen von Angela Davis zum Verhältnis von Rassismus und Sexismus. Beispielhaft für eine intrakategoriale Analyse ist auch der Interdependenzansatz von Walgenbach et al. (2007). Die Metapher der Intersektion transformiert sich unter dieser Perspektive von einem Begriff, der ein Verhältnis zwischen Kategorien ausdrückt, zu einem Verhältnisbegriff, der innerhalb einer Kategorie Verbindungen und Verschränkungen thematisiert. Identitätskategorien werden so als Teil von weit ausgreifenden Diskurs- und Begriffspolitiken rekonstruierbar (Dietze 2013). Damit verschiebt sich die Intersektionalitätsanalyse, die mit Kategorien operiert, zu einer Analyse der Intersektionalität dieser Kategorien selber.

Nach McCall ist der Übergang zwischen antikategorialen und intrakategorialen Komplexitätsanalysen fließend. Beide teilen die Kritik an essenzialistischen und homogenisierenden Definitionen sozialer Gruppen. Dennoch unterscheiden sie sich darin, dass die Analyse intrakategorialer Komplexität, die vor allem von Feminists of color geleistet wird, nicht zur absoluten Ablehnung identitärer Kategorien führt.

McCall verteidigt in ihrem Aufsatz auch einen dritten *interkategorialen* Zugang, um intersektionale Komplexität zu erfassen. Dieser heißt teilweise auch einfach »categorical approach« (McCall 2005: 1784). Im Zentrum steht dabei die empirische, meist statistische Erfassung von Ungleichheitslagen zwischen sozialen

Gruppen. Deren Analyse, so McCall, verlangt den provisorischen Gebrauch von Kategorien, die als ›Ankerpunkte‹ fungieren (ebd.: 1785). Bei diesem Zugang geht es primär um das Verhältnis zwischen Gruppen und nicht um die Frage, wie diese jeweils definiert oder repräsentiert werden. Im kategorialen Zugang wird Ungleichheit nicht als diskursive oder ideologische Konstruktion reflektiert, sondern empirisch erforscht.

Dieser Ansatz erfasst Komplexität dadurch, dass die Vergleiche zwischen Gruppen durch zusätzliche Differenzen vervielfältigt werden. Dies führt zu differenzierten quantitativen Vergleichsdaten. Wichtig ist dabei die Einsicht, dass keine einzelne dieser Vergleichsgruppen die intersektionalen Ungleichheitsstrukturen adäquat erfassen kann und dass viele der gängigen Standardkriterien in eindimensionalen Ungleichheitsanalysen, zum Beispiel das Kriterium des Familieneinkommens, aus interkategorialer Perspektive infrage gestellt werden müssen.

McCalls Typologie des Umgangs mit Kategorien in Intersektionalitätstheorien ist hilfreich, aber gleichzeitig beschränkt. Die Grenze ihres Ansatzes liegt darin, dass sie die Kategorien, mit denen Intersektionalitätsansätze arbeiten, als selbstverständlich gegeben voraussetzt. Dabei gerät die Frage aus dem Blick, wie sich Kategorien als herrschaftskritische Begriffe entwickeln und worin ihr kritisches und emanzipatorisches Potenzial liegt. Dabei bleibt auch ausgeblendet, dass sich viele der Analysekategorien, die in Intersektionalitätsansätzen verwendet werden, politischen Kämpfen verdanken, in denen sich die kritische Begrifflichkeit erst herausgebildet hat (Purtschert/Meyer 2010).

Kategorien als Name für politische Allianzen und soziale Standpunkte

Eine weitere Bedeutung der kategorialen Rahmung der Intersektionalitätstheorien betrifft den Einsatz von Identitätskategorien als Name für emanzipatorische Allianzen und Standpunkte. In diesem Sinn ist die Auseinandersetzung mit Identitätspolitiken ein wichtiges Thema der Intersektionalitätstheorien (siehe auch Abschnitt 3.3). Dabei vertreten viele Autor_innen eine Position, die sowohl eine essenzialistisch verstandene Identitätspolitik als auch die poststrukturalistische Destruktion politischer Identität ablehnt (Crenshaw 1991). Soziale Identitäten werden vielmehr als politische Formen von Koalitionen und Allianzen gedeutet, die politische Identitäten als intersektionale Identitäten ausweisen. Vor allem Intersektionalitätstheoretikerinnen of color halten daran fest, dass Intersektionalitätsperspektiven mit sozialen Positionen und Standpunkten verbunden sind, auch wenn sie diese beweglich halten und das Konzept von Gruppen komplexer fassen (Collins 2003). Die Auflösung sozialer Identitäten, so formuliert es etwa Cathy Cohen, könne nur fordern, wer sich in einem begrenzten Rahmen gesellschaftlich sicher und getragen fühle (Cohen 2005). Für Queers of color etwa ist der Schutz, den eine Queer Community of color geben könne, in einer rassistischen, homophoben und transphoben Gesellschaft unverzichtbar. Zugleich aber muss es das politische Anliegen sein, die Gruppe, die sich als Queer of color versteht und untereinander solidarischen Schutz zusichert, zu vergrößern. Die Ausweitung von Koalitionen ist aber nur möglich, wenn erkannt wird, wie eng gesellschaftliche Diskriminierungsstrukturen zusammenhängen, so dass etwa heteronormative Diskriminierung auch jene treffen kann, die zwar heterosexuell leben, aber von Race- und Class-Diskriminierung betroffen sind. Cathy Cohen expliziert diesen Zusammenhang, wie oben erläutert, am Beispiel des rassifizierten Begriffs der ›Welfare Queens‹ in den USA und leitet daraus ein neues Verständnis des politischen Standpunktes von Queer ab. Dagegen sehen vor allem dekonstruktivistische und postmarxistische Theoretiker_innen den Bezug auf Identitätspolitiken als grundsätzlich unproduktiv und als Teil des Problems.

Aus epistemologischer Perspektive können Kategorien auch den lokalen Standpunkt einer Gruppe bezeichnen – etwa die Position von Schwarzen Frauen in den USA. Deren konkrete Erfahrungen komplexer Diskriminierung und Marginalisierung sind, wie in Abschnitt 1.1 deutlich wurde, eine wichtige Voraussetzung, um die Ungerechtigkeit gesellschaftlicher Verhältnisse zu erkennen und zu benennen. Der gesellschaftliche Standpunkt, von dem aus Menschen die Welt erfahren, wird zum Ausgangspunkt für die Erkenntnis von Ungerechtigkeit und ermöglicht eine Kritik an den herrschenden Sichtweisen. In diesem Sinn verteidigt Patricia Hill Collins eine intersektional revidierte Standpunkttheorie (Collins 2003; ähnlich auch Yuval-Davis 2013). Nur der Fokus auf konkrete Gruppen mache deutlich, wie sich strukturelle Herrschaftsachsen nach Race, Class, Sexuality und Gender für unterschiedliche Gruppen unterschiedlich auswirken (Collins 2003: 210). In diesem Sinn verändert die Zugehörigkeit zur Gruppe der afroamerikanischen Frauen nach Collins die Wahrnehmung von Herrschaftsstrukturen, die in Intersektionalitätstheorien oft gleichrangig behandelt werden: »Although race, class, and gender may share equal billing under the paradigm of intersectionality as a heuristic device, most African-American women would identify race as a fundamental, if not the most important, feature shaping the experiences of Black women as a group.« (Collins 2003: 210)

Entsprechend ist die kritische Reflexion auf die unterschiedlichen Herrschaftspraktiken, die mit sozialen Kategorien verbunden sind und die sich je nach sozialer Positionierung unterschiedlich auswirken, wichtig, damit Intersektionalitätsanalysen Kategorien in herrschaftskritischer und in transformativer Absicht einsetzen können.

2.5 Methodische Vielfalt

Wie im ersten Kapitel deutlich gemacht, hat die Intersektionalitätsforschung in den letzten dreißig Jahren eine Reise unternommen, die sie in verschiedenste disziplinäre Felder geführt hat. Entsprechend vielfältig sind auch die Methoden, die die Intersektionalitätsperspektive auf dieser Reise entwickelt hat. Die Methodenvielfalt bedeutet nicht, dass Intersektionalitätsansätze *keine* Methode haben, sondern dass sie *nicht nur eine* haben. Nach Kimberlé Crenshaw ist es verfehlt, den wissenschaftlichen Wert der Intersektionalitätstheorie daran zu bemessen, ob sie ›nun endlich‹ eine eigene Methodologie habe (Crenshaw 2011b). Eine solche Forderung ignoriert nach Crenshaw, dass Methodologien disziplinenspezifisch sind und dass die eigentliche Herausforderung der Intersektionalitätsperspektive gerade darin liegt, sich *in* verschiedenen Disziplinen überhaupt Gehör zu verschaffen (Crenshaw 2011b: 224). Auch Cho et al. wehren sich gegen den Anspruch, es müsse eine einheitliche Methodik der Intersektionalitätsforschung geben. Dies gilt selbst dann, wenn sich Intersektionalitätsstudien nicht nur, wie in Abschnitt 1.4 beschrieben, zentrifugal in verschiedenen Disziplinen verbreiten, sondern auch, wenn sich zentripetal ein eigenes Feld der Intersectionality Studies etabliert. Denn tatsächlich gibt es auch in anderen kritischen Disziplinen wie den Gender Studies oder den

Critical Race Studies unterschiedliche methodische Ansätze (Cho et al. 2013: 789). Entsprechend plädiert Leslie McCall dafür, wie in Abschnitt 2.4 gezeigt, dass möglichst viele Ansätze in der Erforschung intersektionaler Komplexität von Ungleichheit zum Zuge kommen sollen. Am Beispiel des unterschiedlichen Umgangs mit Kategorien macht sie deutlich, dass die Methoden zur Erforschung intersektionaler Komplexität von ethnologischen Fallstudien über qualitative Interviewanalysen bis zu quantitativen statistischen Erhebungen reichen können.

Welcher methodische Zugang für Intersektionalitätsanalysen adäquat ist, orientiert sich demnach primär an ihrem Erkenntnisinteresse und an den leitenden Fragestellungen, die sich gemäß den Abschnitten 2.2 und 2.3 auf die Analyse diskursiver Ausschlüsse und auf die ontologische Bestimmung der Intersektionalität von Macht richten können. In diesem Abschnitt werden nun einzelne Analyseebenen und Methoden der Intersektionalitätsforschung näher beleuchtet. Dabei rückt auch die Frage ins Zentrum, wie sich Intersektionalitätstheorien im Verhältnis zu denjenigen Theorieansätzen positionieren, die analoge Erkenntnisinteressen teilen, das heißt im Verhältnis zur postkolonialen Theorie.

Vielfältige Ebenen der Intersektionalitätsanalyse: Subjekte, Praktiken, Institutionen und Diskurse

Der Forschungsbereich von Intersektionalitätstheorien ist sehr weit gefasst. Alles kann zu ihrem Untersuchungsgegenstand werden, sofern es sich als intersektionales Phänomen konzipieren lässt. So richtet Crenshaw ihr Augenmerk auf Antidiskriminierungsgesetze und Sozialpolitiken der US-amerikanischen Gesellschaft in der zweiten Hälfte des 20. Jahrhunderts, Gudrun-Axeli Knapp widmet sich einer »Archäologie der europäischen

Moderne« (2005, 2013b), und Patricia Hill Collins rückt ideologische Institutionen wie etwa das Modell der traditionellen bürgerlichen Familie in den Fokus der Intersektionalitätsanalyse (Collins 2003). Entsprechend formulieren Dietze et al. als einen der positiven Aspekte des Intersektionalitätsansatzes, dass er »deutungsoffen« bleibt, denn es sei nicht bestimmt, »*was* sich jeweils kreuzt: Kategorien, Machtachsen, Identitäten. Er ist somit flexibel nutzbar.« (Dietze et al. 2007a: 9)

Diese Vielfalt der Analysegegenstände lässt sich in soziologischer Perspektive nach einer Mikro-, Meso- und Makroebene sowie einer Repräsentationsebene unterscheiden (Lutz 2007; Winker/Degele 2009: 18–24; Lenz 2010).[28] Die Mikroebene betrifft individuelle Erfahrungen und Subjektivierungen, die Mesoebene rekurriert auf Interaktionen und soziale Praktiken, die Makroebene bezieht sich auf staatliche und gesellschaftliche Institutionen und Strukturen und die Repräsentationsebene schließlich auf epistemische, symbolische und kulturelle Phänomene. Diese unterschiedlichen Analyseebenen hängen machttheoretisch jedoch zusammen. Im Anschluss an die Thesen von Michel Foucault und Judith Butler, die den Zusammenhang von Wissen und Macht, von subjektivem Selbstverhältnis, gesellschaftlicher Norm und staatlichem Regieren betonen, ist es unmöglich, die Repräsentations-, Mikro-, Meso- und Makroebene gesellschaftlich voneinander zu isolieren (Foucault 1983, 2004; Butler 1991, 2001, 2005; vgl. auch Purtschert/Meyer 2010). Wenn im Folgenden also von Analyseebenen die Rede ist, dann handelt es sich dabei um analytische Unterscheidungen von Machtformen, die gesellschaftlich zusammenhängen. Gleichwohl ist zu beachten, dass sich die miteinander verschränkten Machtphänomene auf der Mikro- und Makroebene unterschiedlich manifestieren und unterschiedlich konzeptualisiert werden können. So betont Collins (2003), dass sich der Erkenntnisanspruch und der methodologische Anspruch der Intersektionalitätstheorie ändern, je nachdem, ob sie auf der Mikro- oder auf der Makroebene eingesetzt werden.[29]

Mikroebene: Subjektive Erfahrungen

Beispielhaft für die intersektionale Analyse auf der *Subjektebene* ist der Rückgriff auf die *Einheit der subjektiven Erfahrung*. Er bietet einen der wichtigsten Ansätze, um die komplexen Verbindungen von Machtstrukturen auf der Ebene von Individuen und Gruppen zu thematisieren. Wie in den Abschnitten 1.1 und 1.2 gezeigt, rekurrieren frühe Intersektionalitätsansätze auf die komplexen Formen individueller und kollektiver Diskriminierungserfahrungen, denen Women of color in den USA und in Deutschland ausgesetzt sind. Die Texte formulieren eine Antwort auf die Frage, wie Diskriminierungen zusammenwirken, auch wenn sie diese Antwort nicht in die Form einer Gesellschaftstheorie gießen. Sie rekurrieren stattdessen auf die Praxis gelebter Erfahrungen und zeigen, wie sich die diskriminierenden Machtstrukturen unterschiedlicher, oft widersprüchlicher Diskurstechniken bedienen. Unsichtbarkeit, Hypermarkierung, kulturelle Abwertung, Vereinzelung und Ent-Individualisierung können zusammenwirken, um Women of color zu diskriminieren und zu marginalisieren. Entsprechend wichtig sind phänomenologische, autobiografische und künstlerische Ausdrucks- und Interpretationsformen, um subjektive Erfahrungen zu vermitteln, zu analysieren und in Hinsicht auf das Zusammenspiel verschiedener Machtformen zu gewichten. Die sozialen Differenzierungskategorien wie Geschlecht, ›Rasse‹ und Sexualität werden dabei nicht additiv und definitorisch verwendet, sondern als Hinweise auf die Wirkung gesellschaftlicher Zuschreibungen.

Die Erklärung von individuellen Subjektivierungsprozessen kann im Anschluss an Butler als performative Wirkung einer intersektional komplexen Norm interpretiert werden, die das Selbstverhältnis von Subjekten, deren Begehrensstruktur und Handlungsfähigkeit bestimmt (Butler 2001). Die Norm wirkt im Vollzug kommunikativer Interaktionen unmittelbar performativ, das heißt, die Subjektive bilden sich durch diskursive Praktiken und übernehmen damit die in den Diskursiven konstitutiv eingelagerten intersektional strukturierten Normen.

Dagegen verweist Encarnación Gutiérrez Rodríguez (2001) darauf, dass die »konstitutive Verschränkung von Ethnizität, Geschlecht, Sexualität und Klasse« nicht gedacht werden kann, wenn sich Subjektivierung nur am Modell einer eindimensionalen Theorie der Performativität im Sinne von Judith Butler orientiert. Die performative *Konstruktion* eines bestimmten Subjekts – zum Beispiel die Konstruktion einer Person X als »Ausländerin« – ist nach Gutiérrez Rodríguez nicht mit der komplexen *Konstitution* der Person X identisch. In Konstitutionsprozessen verbinden sich Herrschaftsstrukturen mit individuellen, singulären kommunikativen Erfahrungen und Begehrensformen, die erst das konkrete Individuum ausmachen (2001: 61). Die Herrschaftseffekte intersektionaler Normen und Strukturen müssen demnach auch danach analysiert werden, wie sie die Handlungsfähigkeit von Menschen strukturieren, wie sie individuell angenommen, umgeformt und in verschiedenen Phasen des Lebens unterschiedlich eingesetzt werden.[30]

Mesoebene: Policy-Analysen

Beispielhaft für Intersektionalitätsperspektiven auf der *Mesoebene* sind etwa Ansätze, die sich mit neuen und innovativen Formen von Policy-Analysen befassen. Olena Hankivsky und Renee Cormier (2011: 223–225) diskutieren einen solchen Zugang am Beispiel eines Projekts aus Wales, in dem soziale Ungleichheit und Diskriminierungen im Bereich der unbezahlten und informellen Pflegearbeit untersucht werden. Dieses Projekt definiert sich selbst als ›Multi-Strand-Project‹, das heißt als ein Projekt, in dem verschiedene thematische Stränge in der Analyse zusammengeführt werden. Diese Verbindung verschiedener Aspekte steht im Gegensatz zu einer eindimensionalen Analyseperspektive, die sich auf eine bestimmte soziale Gruppe oder einen einzelnen Faktor der Diskriminierung konzentriert. Im Multi-Strand-Project dienen die sechs sozialen Kategorien Geschlecht, ›Rasse‹/Ethnizität, Befähigung, Religion/Glaube, Alter und sexuelle Orientierung als thematische Stränge, die für die Analyse der informellen Pflegearbeit als Orientierungslinien dienen und dabei helfen, spezifische Informationen zu sammeln und zu strukturieren. Dieser Wissensbestand unterstützt die Erarbeitung politischer Maßnahmen, die zu einer Überwindung von Ungleichheit und Diskriminierung im Feld der Pflegearbeit führen sollen. Um zu prüfen, ob die vorgeschlagenen Maßnahmen diesem Ziel auch tatsächlich entsprechen, werden im Multi-Strand-Project die vorgeschlagenen Maßnahmen abschließend aus der Perspektive von spezifisch positionierten fiktionalen Identitäten evaluiert. Wie würde sich eine Maßnahme X für einen geschiedenen, behinderten Mann mit zwei Kindern, der Walisisch spricht, oder für eine ältere alleinstehende Frau, die teilzeitlich in der Pflege arbeitet, auswirken?

Dieses von Hankivsky und Cormier referierte Beispiel des Multi-Strand-Projects ist erhellend, weil es zeigt, dass intersektional kombinierte Kategorien in verschiedenen Funktionen eingesetzt werden können: Sie kommen im Verlauf dieser Policy-Analyse sowohl als analytisch getrennte Strukturkategorien vor als auch als Indikatoren für konkrete materielle Lebensbedingungen von Menschen, bei denen sich Kategorien nicht mehr voneinander separieren lassen. Beide Male geht es darum, eindimensionale Perspektiven zu überwinden und durch den Blick auf intersektionale Zusammenhänge neues Wissen zu generieren. Zugleich zeigen sich an diesem Beispiel aber auch die Fallstricke der Intersektionalitätsanalyse, auf die im letzten Kapitel ausführlicher eingegangen wird. Der Rückgriff auf die sechs thematischen Analysestränge setzt nämlich eine Entscheidung darüber voraus, welche dieser Stränge für die Analyse des sozialen Feldes relevant sind. Könnte es sein, dass sich sowohl die Problemlage als auch die Lösungsvorschläge komplett verschieben, wenn auch Klasse als ein eigener thematischer Strang in die Problemanalyse einbezogen wird und nicht erst in Form einer spezifisch situierten fiktionalen Identität zur Einschätzung der Politikmaßnahmen ins Spiel kommt? Tatsächlich ist die Frage entscheidend, wer und was darüber bestimmt, welche thematischen Stränge oder Kategorien einer Analyse als Grundlage dienen. So besteht die Aufgabe der Intersektionalitätsforschung nicht nur darin, bestimmte Analyseperspektiven einzunehmen, sondern auch darin, das Wissen darüber, welche thematischen Stränge oder sozialen Kategorien überhaupt wichtig und relevant sind, zu problematisieren (siehe Abschnitt 3.2).

Makroebene: Gesellschaftstheorie

Die Makroebene der *Institutionen- und Strukturanalysen* beschäftigt sich unter anderem mit gesellschaftlichen Formationen von Staatlichkeit, Ökonomie und Familie. Für Gudrun-Axeli Knapp ist das Intersektionalitätskonzept seit den frühen Analysen von Patricia Hill Collins und Floya Anthias mit einer gesellschaftstheoretischen Perspektive verbunden (Knapp 2008a: 141). Da die Intersektionalitätsperspektive das Zusammenwirken und die

Verschränkung von Herrschaftsachsen in den Blick nimmt, bietet sie Knapp zufolge die Chance, dass die deutschsprachige Geschlechterforschung nach einer Phase der eher mikrologischen und kulturalistischen Fokussierung auf Macht wieder vermehrt Herrschaftsverhältnisse auf der Makroebene analysiert (Knapp 2008a: 160). In diesem Sinn lässt sich die Verschränkung von Klasse, Geschlecht und Ethnizität/›Rasse‹ seit dem 18. Jahrhundert historisch nachzeichnen, indem europäische Gesellschaften ihre Entwicklung als »sich industrialisierende, kapitalistische, moderne, bürgerlich-patriarchale, nationalstaatlich (beziehungsweise imperial) verfasste und in unterschiedlichem Ausmaß ethnisierte Gesellschaften« (Knapp 2008a: 140 f.) vorantreiben. Diese Entwicklung wird besonders in historischer Perspektive rekonstruierbar, wenn sie nach Knapp mit einer »Struktur- und Herrschaftsgeschichte« sowie einer »Sozial- und Kulturgeschichte der Wissensformen« verbunden wird (ebd.: 147). Die methodische Herausforderung für eine gesellschaftstheoretische Intersektionalitätsperspektive liegt für Knapp darin, die Zusammenhänge unterschiedlicher Strukturlogiken historisch und analytisch zu erkennen. Nach Knapp eignet sich Intersektionalitätsforschung insbesondere auch dazu, die Spannung, die in der Soziologie zwischen Ungleichheitstheorien und Differenzierungstheorien besteht, zu überwinden, da der Intersektionalitätsansatz in beide Wissenschaftsfelder interveniert (ebd.: 152).

Ein weiteres Beispiel für eine Intersektionalitätsanalyse auf Makroebene ist Brigitte Aulenbachers Vorschlag, den gesellschaftlichen Primat der Ökonomie respektive des Kapitalismus aus andro- und eurozentristischer Perspektive zu erklären und zu zeigen, wie Geschlecht, Ethnizität und Klasse in Herrschaftsstrukturen wie etwa dem Kapitalismus ineinandergreifen. Nach Aulenbacher gibt es eine »Affinität von Andro-, Eurozentrismus und Kapitalismus« (2013: 356), die zu erforschen wäre. Eine intersektionalitätsbezogene Analyse des Kapitalismus könnte aufzeigen, inwiefern in gesellschaftlich funktional ausdifferenzierten Bereichen nicht nur *eine* am Werk ist. In diesem Sinn argumentiert auch Ashley J. Bohrer, dass sich intersektionale und marxistische Perspektiven gegenseitig ergänzen und ein dialektisches Verständnis von Ausbeutung und Unterdrückung sowie der damit verbundenen gesellschaftlichen Widersprüche ermöglichen (Bohrer 2019).

Diskurs, Repräsentation, Kultur

Eine Analyse der Intersektionalität auf der Ebene von diskursiven Normen legen Wendy Brown und Joan W. Scott vor – wenn auch nur implizit, da sie sich selber nicht als Intersektionalitätstheoretikerinnen verstehen. Sie erläutern die intersektionale Verflechtung von Diskursen am Beispiel der Norm der Mutterschaft. »What establishes the ›welfare mother‹, the ›single mother‹, the ›lesbian mother‹, or the ›crack mother‹ as deviating from normative motherhood are discourses of class, race, and sexuality, not only gender, and yet gender is also suddenly made to appear as comprised of these discourses, as inherently impure, local, spliced, polyglot.« (Brown/Scott 2014: 343) Diese Beschreibung verweist auf die intersektionale Verwobenheit von Diskursen, die sich zwar als Diskurse von Klasse, ›Rasse‹, Sexualität und Gender voneinander unterscheiden lassen, die aber zugleich zusammenwirken und nur als gemeinsame sichtbar machen, was Geschlecht jeweils ist – nämlich eine Subjektivierung, die immer schon mit Klasse, ›Rasse‹ und Sexualität verwoben ist und immer nur in einer bestimmten Form, das heißt zum Beispiel in einem bestimmten Modus von Mutterschaft sichtbar wird. Repräsentation wird in diesem Kontext im Anschluss an Foucault als Norm gedeutet, die subjektiv und strukturell wirkmächtig ist und materiell produktiv wirkt. Sie ist als Norm nicht bloß das Abbild einer Wirklichkeit, sondern wirkt selber konstruktiv an der Erzeugung materieller Wirklichkeiten mit.

Ein weiteres Beispiel einer Intersektionalitätsanalyse auf der Ebene der Repräsentation bieten die kulturwissenschaftlichen Analysen von Gabriele Dietze. In ihrem Text zu Casting-Shows im Privatfernsehen argumentiert Dietze dafür, dass Casting-Shows, in denen die Mitwirkenden mehrheitlich einen ›Migrationshintergrund‹ haben, als »Modus der Beheimatung und als Aushandlungsprozess von ›kultureller‹ und ›emotionaler Staatsbürgerschaft‹« verstanden werden können (Dietze 2011: 166). Im Gegensatz zu staatlichen Fernsehanstalten, in denen fast nur Menschen ohne migrantische Herkunft arbeiten und sichtbar sind und in denen die Situation von Migrant_innen in Deutschland meist stereotyp dargestellt wird, werden in Casting-Shows migrationsbezogene Identitätskategorien unterlaufen (ebd.: 169). In den Shows werden unterschiedliche und widersprüchliche Intersektionalitäten von Klasse, ›Rasse‹, Sexualität und Nation thematisch, wodurch die gängigen Praktiken des Sexismus und Rassismus, die »auf Stereotypisierung, Klassifikation, dem Schluss vom Einzelnen auf die Gruppe und der Verbindung von visueller Markierung und Verhaltenserwartung beruhen« (ebd.: 169), durchbrochen werden. Die Analyse der Casting-Shows anhand des Intersektionalitätsparadigmas führt dadurch zu einem überraschenden Perspektivenwechsel und macht den starren Gegensatz von demokratischem Staatsfernsehen und kapitalistisch orientiertem, sogenanntem ›Trash-TV‹ der Privatsender brüchig. Die Casting-Shows werden als Bühne erkennbar, auf der politische Positionen und Identitäten verhandelt und verändert werden können.

Aufgrund der methodischen Vielfalt der Intersektionalitätsforschung stellt sich die Frage, wie das Theoriefeld von anderen kritischen Ansätzen zu unterscheiden ist. Dabei steht insbesondere das Verhältnis zu postkolonialen Theorien im Zentrum.

Gutiérrez Rodríguez grenzt Intersektionalitätsansätze explizit von postkolonialen Studien ab und exponiert beide als Gegensätze (2011). Dagegen betont Ina Kerner ihre Nähe, die damit zusammenhängt, dass sie wichtige Kernbereiche teilen, ohne dass sie dabei »ineinander aufgehen« (Kerner 2010: 238). Gemeinsam ist beiden der Nachweis, dass rassistische und koloniale Strukturen mit binären Differenzsetzungen und Konfliktlinien operieren und dadurch Herrschaftsverhältnisse stabilisieren. Während sich postkoloniale Studien auf Wissensregimes und ihre Binaritäten von Kultur und Natur, Vernunft und Emotion sowie Geschichte und Stillstand konzentrieren, untersuchen Intersektionalitätsanalysen nach Kerner stärker aktuelle Politiken und deren Entgegensetzungen von Rassismus und Sexismus. Der Unterschied zwischen beiden liegt nach Kerner darin, dass für Intersektionalitätstheorien der Bezug auf Kategorien von ›Rasse‹ und Geschlecht als Hinweis auf den »gesellschaftlichen Einsatz von Differenzkategorien zur Legitimation und Organisation von Ungleichheit und Ausgrenzung« (Kerner 2010: 253) dient, während es postkolonialen Studien darum geht, solche »vielfältigen Geschlechtereffekte nachkolonialer Konstellationen erst einmal zu ergründen« (ebd.). Für Kerner ist ein weiterer wichtiger Unterschied zwischen intersektionalen und postkolonialen Ansätzen, dass für Erstere feministische Anliegen und Politiken auch theoriegeschichtlich wichtig sind, während Gender im Kontext postkolonialer Theorien primär als koloniale Strategie des Othering diskutiert wird.

Ein weiterer wichtiger Unterschied zwischen den beiden Ansätzen bezieht sich auf die Konzeption des handlungsfähigen Subjekts. Postkoloniale Ansätze argumentieren oft diskurskritisch und dekonstruktivistisch und problematisieren die Bedingungen von Sprache, Hörbarkeit und Verständlichkeit. Sie weisen im Sinne von Gayatri Chakravorty Spivak darauf hin, dass die Subalterne nicht sprechen kann, weil das, was sie zu sagen hat, im hegemonialen Diskurs nicht verständlich ist. Dagegen unterstellen Intersektionalitätsansätze letztlich, dass Subjekte zwar diskriminiert und marginalisiert werden, dass sie dabei aber ihre Handlungsfähigkeit, ihre Widerständigkeit und Kreativität nicht verlieren.

Diese unterschiedlichen Zugänge fassen je auf ihre Weise wichtige Aspekte kritischer Theorie und Politik. Es ist darum sinnvoll, sie miteinander in einen Dialog treten zu lassen und nicht als starre theoretische Gegensätze zu konzipieren.

3. Aktuelle Debatten

Die Intersektionalitätsforschung ist wie jedes theoretische Feld nicht statisch und fixiert, sondern lebt davon, dass sich Forschende aus den verschiedensten Bereichen darüber im Austausch befinden, was ihre Theorie ist und leistet. Dabei ist dieser Austausch nicht beliebig. Er kommt zustande, wenn sich die Beteiligten darüber einig sind, dass sie über den gleichen Gegenstand reden (wollen) – gerade auch dann, wenn es darum geht, diesen Gegenstand neu und anders zu definieren. Im letzten Kapitel wurde vorgeschlagen, diesen beweglichen Prozess des Austausches als ›Sprachspiel‹ im Sinne von Ludwig Wittgenstein zu bezeichnen, in dem sich der Sinn des Spiels über seinen Gebrauch erschließt. Zu diesen zentralen Gebrauchsformen der Intersektionalitätstheorie gehören die Kritik an eindimensionalen Analyseperspektiven und die Analyse und Neubestimmung gesellschaftlicher Macht als komplexe Verbindung von Herrschaftsstrukturen. Dabei wurden unterschiedliche Ansätze vorgestellt, die zeigen, dass Frageperspektiven, Gegenstände und leitende Methodik in Intersektionalitätsansätzen stark variieren. Diese Vielfalt ist positiv zu werten, da sie einen breiten Gebrauch der Intersektionalitätsperspektive und ihre Kompatibilität mit vielen unterschiedlichen Disziplinen ermöglicht.

In diesem Kapitel werden jene theoretischen Debatten vorgestellt, in denen bestimmte Aspekte der Intersektionalitätsforschung verhandelt werden, die umstritten sind und sich nicht einfach im Sinne eines methodischen und thematischen Pluralismus miteinander verbinden lassen. Diese betreffen vorrangig den theoretischen Status des Intersektionalitätskonzepts (1), die Bestimmung der relevanten Analysekategorien (2) sowie den Umgang mit Identitätskategorien (3).

3.1 Zwischen Metapher und Theorie

Über den theoretischen Status des Intersektionalitätskonzepts herrscht in der Forschung kein Konsens, dies auch darum, weil es, wie in den vorangehenden Kapiteln gezeigt, in sehr unterschiedlichen disziplinären Feldern eingesetzt und mit sehr vielfältigen Methoden und Erkenntnisinteressen verbunden wird. Die Einschätzung der Intersektionalität variiert entsprechend zwischen der These, sie sei bloß eine sensibilisierende Metapher, bis zu der Annahme, das Intersektionalitätskonzept könne die Basis bilden für eine eigenständige Theorie. Allerdings sind die Unterschiede zwischen diesen Zuordnungen bei genauerer Betrachtung kleiner als erwartet.

Intersektionalität als sensibilisierende Metapher

In vielen Ansätzen wird der Begriff der Intersektionalität als pragmatisch-heuristisches Instrument verstanden, mit dem keine systematischen und theoretischen Ansprüche verbunden sind. Intersektionalität erscheint eher als »*sensitizing metaphor*« (Knapp 2013b: 351), die auf Komplexität hinweist und die Kritik an eindimensionalen Perspektiven anstoßen kann, ohne selber eine explanatorische Kraft zu entwickeln (Ferree 2013b: 381). In diesem Sinn funktioniert sie, wie es Barbara Rendtorff provokativ formuliert, als ein »Wächterbegriff – mehr nicht« (Rendtorff 2013: 445). Sie ist der »Wächterbegriff für gute Theoriearbeit«

(ebd.: 447), aber nicht selber schon Theorie. Dazu ist der Intersektionalitätsansatz nach Rendtorff zu sehr mit dem Mangel behaftet, dass er zwar immer Komplexität als ›Herausforderung‹ anmahnt und postuliert, aber »in Bezug auf das ›Wie‹ nicht vorankommt« (ebd.: 446). Nach Rendtorff impliziert die theoretische Erfassung intersektionaler Komplexität einen Zugang, der die Konstitution von Gruppen nicht primär als Identitäten, sondern als strukturierte Position bestimmt, auf die sich Individuen leiblich und in der Selbstwahrnehmung beziehen. Ein solches komplex strukturiertes Wirkungsgefüge wird nach Rendtorff durch das Intersektionalitätskonzept lediglich angezeigt, aber nicht analytisch oder phänomenal erklärt oder erfasst. »Intersektionalität ›an sich‹ gibt es nicht, sie bietet weder ›von selbst‹ derartige Instrumente noch kann sie in irgendeiner Weise diese ›gute Komplexität‹ garantieren.« (ebd.: 447)

Intersektionalität als Paradigma

Der Rekurs auf Intersektionalität als Paradigma ist weit verbreitet. Patricia Hill Collins nennt Intersektionalität ein »emerging paradigm« (2000: 157). Und auch Hancock unterscheidet verschiedene Weisen, Intersektionalitätsanalyse zu betreiben, wobei es eine Form gibt, die sie als paradigmatisch deutet (Hancock 2015: 2981). Auch für Katharina Walgenbach ist das Intersektionalitätskonzept ein Paradigma im Sinne von Kuhn, denn es kann für eine bestimmte Forschungsgemeinschaft »als gemeinsamer Orientierungsrahmen fungieren und neue Forschungsperspektiven eröffnen« (Walgenbach 2013: 266). Den gemeinsamen Bezugspunkt des Intersektionalitätsparadigmas bildet nach Walgenbach der »kritische Fokus auf Machtverhältnisse« (ebd.), wobei sich das Paradigma der Intersektionalität im Gegensatz zu spezifischen Theorietraditionen wie der Kritischen Theorie oder

der Ethnomethodologie durch eine größere Offenheit gegenüber den gewählten Methoden und Analyseebenen auszeichnet. Für Walgenbach liegt die paradigmatische Leistung des Intersektionalitätskonzepts letztlich darin, dass es eine spezifische Perspektive modelliert, die erlaubt, »*etwas als etwas zu sehen*« (ebd.: 267). Die Auffassungen von Intersektionalität als Paradigma und als Perspektive nähern sich damit einander an, und das Paradigma entwickelt auch vergleichbare Effekte wie die Metapher (Walgenbach 2013: 267).

Für Andrea Bührmann bleibt das Konzept der Intersektionalität dagegen zu vage, um im Sinne von Thomas Kuhn als Paradigma einer neuen Wissenschaft gelten zu können (Bührmann 2009). Intersektionalität kann nach Bührmann keine eigenständige Theorie oder Disziplin konstituieren, unter anderem aufgrund des Fehlens eines »klar umrissenen Forschungsgegenstandes und Begriffsarsenals« sowie einer »kohärenten methodisch-methodologischen Forschungsausrichtung« (Bührmann 2009: 31).[31]

Die unterschiedliche Einschätzung der Intersektionalität als Paradigma bei Walgenbach und bei Bührmann liegt unter anderem darin begründet, dass jeweils ein anderes Verständnis von Paradigma leitend ist. Während sich Bührmann auf ein Verständnis von Kuhns Paradigma-Konzept bezieht, das durch die konstitutive Kraft definiert ist, Forschungsgegenstand, Begrifflichkeit und Methodik zu einer Einheit zu verbinden, betont Walgenbach an Kuhns Paradigma-Begriff vor allem den Aspekt der Offenheit und des Perspektivenwechsels, der durch ein Paradigma ausgelöst wird.

Viele Intersektionalitätstheoretiker_innen sind sich darin einig, dass das Intersektionalitätskonzept das Potenzial für eine eigenständige Theorie hat und einen theoretisch bedeutenden Beitrag für das Verständnis von Ungleichheit und Macht leisten kann (McCall 2005; Yuval-Davis 2013; Davis 2013; Cho et al. 2013).

Für Nira Yuval-Davis liegt das theoretische Potenzial des Intersektionalitätsansatzes darin, dass er sich zu einer Theorie der sozialen Schichtung entwickeln kann (Yuval-Davis 2013: 204). Sie zieht dabei eine Linie von den frühen Arbeiten, die sie zusammen mit Floya Anthias zur Analyse sozialer Spaltungen erarbeitet hat, zur »Skizze« (ebd.: 2016) eines künftigen Intersektionalitätsansatzes, der variable und strukturelle Dimensionen der sozialen Schichtung verbindet. Der theoretische Beitrag des Intersektionalitätsansatzes liegt demnach darin, dass er die Trennungen, die in den Schichtungstheorien von Marx, Weber und Nancy Fraser angelegt sind und die zwischen ökonomischer Klasse und kulturellem Status, das heißt zwischen Wirtschaft und Kultur unterscheiden, auflöst. Eine intersektionale Schichtungstheorie verbindet nach Yuval-Davis intra- und interkategoriale Ansätze (ebd.: 207) und führt zu einer differenzierteren Analyse sozialer Ungleichheit, in der »die Beziehungen zwischen Positionierungen, Identitäten und politischen Werten« (ebd.: 210) selber zum Untersuchungsgegenstand werden.

Auch Kathy Davis verbindet mit dem Intersektionalitätskonzept eine Theorie, wenn auch eine »vage« (Davis 2013: 59). Sie nähert sich dem Phänomen allerdings aus einer wissenssoziologischen Perspektive und untersucht weniger die theoretischen Ansprüche des Konzepts als die Gründe seines »spektakulären Erfolgs« (ebd.: 60) in der feministischen Theorie der Gegenwart. Dabei identifiziert sie als Erfolgsgeheimnis des Intersektionalitätsansatzes, dass er grundsätzliche Anliegen des Feminismus thematisiert, die mit der Anerkennung von Differenzen unter Frauen und mit Exklusionsprozessen verbunden sind, und dass er zugleich verspricht, auf jede Konstellation anwendbar zu sein (ebd.: 63). Ein weiteres Erfolgsgeheimnis sind der »überraschende Perspektivenwechsel« (ebd.: 64) und sein Potenzial, sich mit poststrukturalistischen Ansätzen zu verbinden, indem er Kategorien dekonstruiert, den Universalismus entlarvt und die widersprüchlichen Dynamiken der Macht erforscht. Nach Davis ist gerade auch die »Mehrdeutigkeit und Unvollständigkeit« (ebd.: 68) des Konzepts Teil seines Erfolgs, weil es einen Entdeckungsprozess initiiert und dem Feminismus eine politische Perspektive eröffnet.

An Davis' Charakterisierung des Intersektionalitätsansatzes als Theorie fällt auf, dass sie in vielerlei Hinsicht der Beschreibung ähnelt, die Knapp, Walgenbach und andere mit den Effekten einer heuristischen Metapher, eines transformativen Paradigmas und einer Perspektive verbinden. Dazu passt, dass Davis den Intersektionalitätsansatz als ›Buzzword‹ und damit als ein Modewort charakterisiert (2013). Sie betont demnach stärker als epistemologische Aspekte der Theorie die rhetorische Kraft des Konzepts, das darum besonders erfolgreich zirkulieren kann, weil es tendenziell vage bleibt.

Davis' nicht unbedingt negativ gemeinte Bezeichnung der Intersektionalität als Modewort wird von Crenshaw als klare Abwertung interpretiert (Crenshaw 2011). Tatsächlich ist es nicht nur Crenshaws Anliegen, sondern dasjenige von vielen Forschenden, das kritische und theoretische Potenzial des Intersektionalitätskonzepts zu stärken und Intersektionalität nicht zu einem leeren Signifikanten oder bloßen Wächterbegriff herabzustufen. So gibt es, wie in Abschnitt 1.4 erwähnt, Bestrebungen, die Forschungsansätze zur Intersektionalität stärker zentripetal zu bündeln und die unterschiedlichen Aspekte der Theoriebildung und der empirischen Forschungspraxis in sogenannten Intersectionality Studies zusammenzuführen (Cho et al. 2013). Die Vielfalt der theoretischen Positionen, Fragestellungen und Methoden in der Erforschung von Intersektionalität, die in den drei Kapiteln dieses Buches rekonstruiert wurde, legt dabei nahe, dass ein solches Projekt zur Etablierung von Intersectionality Studies nur gelingen kann, wenn dabei die Vielstimmigkeit des Ansatzes nicht ausgeblendet wird.

3.2 Welche Kategorien sind zentral?

Aufgrund der heuristischen Funktion sozialer Kategorien für kritische Analyseperspektiven erhält die Frage, welche Kategorien für die Analyse eines bestimmten Phänomens relevant sind, besonderes Gewicht. Wenn eine bestimmte Herrschaftsachse in intersektionalen Analysen vernachlässigt wird, kann sich dadurch eine eindimensionale oder verzerrte Perspektive auf die Welt durchsetzen, die in der Analyse von Intersektionalität gerade überwunden werden soll. So wird im deutschsprachigen Kontext immer wieder kritisiert, dass die Frage nach Klasse in vielen Intersektionalitätsforschungen zu kurz komme, dass Sexualität und Ableismus tendenziell marginalisiert blieben (Erel et al. 2007; hornscheidt 2013) und dass ›Rasse‹ strukturell ausgeblendet werde (Gutiérrez Rodríguez 2011). Im Kontext der Covid-19-Pandemie wurde zudem auch das Alter als vernachlässigte Kategorie von Intersektionalitätsanalysen in die Debatte eingebracht (Kruks 2022).

Vor dem Hintergrund dieser Kritik stellt sich die Frage, wie in Intersektionalitätsforschungen die Auswahl der leitenden Analysekategorien theoretisch begründet werden kann. Das heißt: Welche sozialen Kategorien sind notwendig und welche sind zureichend für die Analyse und Kritik intersektionaler Machtverhältnisse?

Es lassen sich grob vier Ansätze unterscheiden, mit denen diese Frage beantwortet wird: Der erste Ansatz geht davon aus, dass die Intersektionalitätsforschung aus sachlichen und theoriegeschichtlichen Gründen die Masterkategorien ›Rasse‹, Klasse und Geschlecht in ihre Analysen einbeziehen *muss*. Der zweite Ansatz erweitert die Anzahl der Kategorien und macht ihre Wahl vom Objekt der Analyse abhängig. Der dritte Ansatz wiederum setzt der Erweiterung und Ausdifferenzierung der kategorialen Vielfalt keine Grenzen, bindet diese aber an ein bestimmtes Verständnis von Differenz als Ungleichheit. Der vierte Ansatz schließlich lässt die Art und Anzahl der Kategorien grundsätzlich offen und verschiebt den Blick auf die emanzipatorische Leistung der Intersektionalitätsperspektive. Diese liegt nicht darin, wie mit bestehenden Analysekategorien operiert wird, sondern darin, *dass* sich ein bestimmter Fokus und allenfalls neue Kategorien und damit auch neue Perspektiven auf Macht etablieren können. Dabei ist auch denkbar, dass grundlegende Kategorien wie ›Rasse‹, Klasse und Geschlecht in Intersektionalitätsforschungen *nicht* vorkommen können.

Geschlecht, ›Rasse‹, Klasse und Sexualität als Masterkategorien

Die Trias von Geschlecht, ›Rasse‹ und Klasse spielt in der Intersektionalitätsforschung theoriegeschichtlich und sachlich eine zentrale Rolle. Es handelt sich dabei um die Masterkategorien des Intersektionalitätskonzepts. Der »Race-Class-Gender-Nexus« (Cho et al. 2013) wird in vielen Ansätzen gleichbedeutend mit Intersektionalität gesetzt (Davis 2008; Klinger/Knapp 2008; Hancock 2016). Allerdings wird diese Trias schon in den frühesten Interventionen, so etwa im Combahee River Collective oder bei Audre Lorde, um die Dimension der Sexualität erweitert und formiert sich zum Kategorienfächer der ›großen Vier‹ (siehe Abschnitt 1.1).

Der Zusammenhang der drei respektive vier analytischen Kategorien reflektiert, wie im ersten Kapitel gezeigt, die Erfahrungen komplexer Diskriminierungen und Marginalisierungen von Women of color und verweist auf die rassistischen, (hetero-)sexistischen und klassenspezifischen Machtstrukturen der US-amerikanischen und europäischen Gesellschaften. Auf eine der drei oder vier Kategorien in Intersektionalitätsanalysen zu verzichten erscheint aus dieser Perspektive so unsinnig wie eine feministische Analyse ohne Bezug auf Geschlecht oder eine marxistische Analyse ohne Bezug auf Klasse. Dabei spielen nicht nur sachliche, sondern auch theoriegeschichtliche Aspekte eine Rolle. Wenn insbesondere ›Rasse‹/Ethnizität als intersektionale Diskriminierungsstruktur ausgeblendet wird, bedeutet dies, dass das Wissen von Women of color unsichtbar gemacht und wieder ausgelöscht wird, kaum dass sie sich innerhalb der akademischen Diskussion Gehör verschafft haben. Dabei handelt es sich in gewissem Sinn um eine ›Enteignung‹ derjenigen, die das Konzept der Intersektionalität eingeführt haben.

Um dieses Problem der Enteignung zu umzugehen, schlägt Ange-Marie Hancock vor, die Perspektive auf Intersektionalität so zu gestalten, dass dabei der Respekt vor dem Erbe nicht verloren geht. Alle Ansätze, die mit dem Intersektionalitätskonzept arbeiten, sollten dieses Erbe treuhänderisch verwalten (Hancock 2016: 23). In diesem Sinn ist es nicht unmöglich, die intersektionalen Analysekategorien aufzufächern. Dies sollte aber im Wissen um die intellektuelle Geschichte der Intersektionalitätstheorie geschehen. Wird Intersektionalitätsforschung in diesem Geist betrieben, werden theoriegeschichtliche und sachbezogene Überlegungen für die Wahl der Analysekategorien gleichwertig zusammengeführt und bleiben aufeinander bezogen.

Das bedeutet konkret, dass die Perspektive auf ›Rasse‹, Klasse, Geschlecht und Sexualität auch dort zu verfolgen ist, wo es auf den ersten Blick um Phänomene geht, in denen diese Strukturprinzipien als nicht relevant erscheinen. Gerade weil das Intersektionalitätskonzept auf Machtzusammenhänge aufmerksam macht, die meistens *nicht* manifest sind und durch eindimensionale Analyseperspektiven unerkannt bleiben, ist es wichtig, in einem ersten Schritt die mögliche Relevanz der Masterkategorien für die Analyse eines bestimmten Phänomens zu prüfen und erst dann zu entscheiden, ob sie einen Erkenntnisgewinn bringen können oder nicht.

Dass die Masterkategorien für die Analyse insbesondere von westlichen Gesellschaften unverzichtbar sind, ist in der Forschung mehrheitlich unbestritten, auch wenn es unter den Theorierichtungen Unterschiede gibt, je nachdem, welcher Vorbegriff von Gesellschaft im Spiel ist, wie Macht und Herrschaft konzeptualisiert werden, welche Methodologie in Anspruch genommen wird und welche Gesellschaft analysiert wird. Entsprechend den unterschiedlichen theoretischen Positionierungen ergeben sich dabei innerhalb der Masterkategorien terminologische Verschiebungen und Verfeinerungen, ohne dass aber die grundsätzliche Bedeutung insbesondere der drei Perspektiven auf ›Rasse‹, Geschlecht und Klasse aus gesellschaftstheoretischer Sicht infrage gestellt wird.

Zu einem grundsätzlichen Streitpunkt wird der Umgang mit den Masterkategorien erst dann, wenn die Ausweitung der Kategorien explizit als Bedrohung der kritischen Leistung der Intersektionalitätsforschung gewertet wird. Je nach Perspektive ist das schon dann der Fall, wenn nicht nur ›Rasse‹, Klasse und Geschlecht, sondern auch Sexualität in die Analyse einbezogen wird. In diesem Fall wird behauptet, dass die Ausweitung der Anzahl der Analysekategorien mit einem Verlust der kritischen

Perspektive und der Gefahr der ›Beliebigkeit‹ einhergehe, das heißt, jede Erweiterung der Analysekategorien steht unter dem Verdacht der sachlichen Willkür und unkritischen Oberflächlichkeit (Klinger 2003). Kategorien wie Sexualität oder Trans* erscheinen als persönliche Lifestyle-Kategorie, in deren Gefolge weitere, rein individualistische Differenzierungen etabliert werden können. Kategoriale Pluralität wird gleichgesetzt mit Diversität, die nicht mehr Ungleichheitsstrukturen analysiert, sondern kulturelle Differenzen benennt, ohne sich für die fundierenden Konstellationen gesellschaftlicher Ungleichheit zu interessieren.

Gegen diese Position lässt sich argumentieren, dass nicht die Öffnung, sondern im Gegenteil die Fixierung der Analysekategorien das kritische Potenzial des Intersektionalitätsansatzes gefährdet (Purtschert/Meyer 2010). So berechtigt es ist, eine herrschaftskritische Perspektive auf Intersektionalität einzufordern, so unplausibel erscheint es zu unterstellen, dass jenseits der großen Drei oder Vier keine anderen gesellschaftlichen Herrschaftsstrukturen wirksam sein können. Eine solche Behauptung negiert die Historizität und die kontextuellen Unterschiede gesellschaftlicher Machtformationen und schließt damit das theoretische Feld der Untersuchung. Sie ist erkenntnistheoretisch problematisch, denn sie bestreitet, dass individuelle Diskriminierungserfahrungen, die von komplexen, intersektional marginalisierten Positionen aus formuliert werden und hegemoniale Sichtweisen infrage stellen, einen substanziellen Beitrag zur Machtkritik leisten können. Angesichts der Entstehungsgeschichte der Intersektionalitätsforschung, die maßgeblich durch die Reflexion auf individuelle und kollektive Diskriminierungs- und Ausschlusserfahrungen vorangetrieben wurde, ist eine solche These nicht plausibel.

Ein zweiter Ansatz zur Bestimmung der relevanten Analysekategorien der Intersektionalität orientiert sich am Grundsatz, dass die Relevanz der Kategorien vom Gegenstand der Analyse abhängt. Entscheidend für die Frage, welche Analysekategorien einbezogen werden sollen, ist demnach, was die Intersektionalitätsforschung jeweils erkennen will und welche Problemzusammenhänge sie fokussiert (Knapp 2008a; Winker/Degele 2009; Kerner 2010). Dabei spielt einerseits die Analyseebene eine wichtige Rolle, aber auch der Kontext, in dem sich der analysierte Gegenstand situiert.

Für Gudrun-Axeli Knapp ist die zentrale Unterscheidung der Analyseebenen jene zwischen Mikro- und Makroebene, das heißt zwischen der Ebene der Identität, Subjektivierung und Selbstwahrnehmung einerseits und den axialen gesellschaftlichen Strukturen andererseits (Knapp 2008a: 143; ähnlich auch Winker/Degele 2009). Dabei ist nach Knapp die Freiheit subjektiver Identifikation größer, und die Variationen sind ausgeprägter, mit denen »kulturelle Klassifikationen angeeignet und subjektiv wie intersubjektiv aktualisiert« (Knapp 2008a: 144) werden können, so dass sich auf dieser Ebene eine größere Bandbreite an sozialen Differenzierungskategorien anbietet. Auf der Ebene subjektiver und intersubjektiver Praxis ist es demnach nicht notwendig, sich auf die drei oder vier Masterkategorien zu beschränken, und es ist auch nicht nötig, diese in der Analyse subjektiver Praktiken immer einzubeziehen. Forschungen zur Intersektionalität, die sich mit spezifischen Praktiken und Verhältnissen auf Mikro- und Mesoebene beschäftigen, können demnach den kategorialen Fokus breit und vielfältig wählen. Dagegen ist die »Wahlmöglichkeit« zur Bestimmung der »Struktur und Verfasstheit einer spezifischen gesellschaftlichen Formation« (Knapp 2008a: 145) nach

Knapp enger, so dass der Blick auf die Makrostrukturen einer Gesellschaft die Anzahl relevanter Analysekategorien reduziert (ebd.: 146). Entscheidend für ihre gesellschaftstheoretische Relevanz ist, ob die Kategorien eine »systematische Entfaltung« erfahren (Knapp 2008a: 149) und im Sinne eines gesellschaftlichen »Gesamtzusammenhangs« (Knapp 2008a: 142) begreifbar sind.

Auch Winker und Degele machen die Anzahl relevanter Kategorien vom Untersuchungsgegenstand abhängig (Winker/Degele 2009: 16). Zur Analyse von Intersektionalität auf der Makroebene der Herrschaftsformationen erscheint ihnen, bezogen auf die Ordnung »kapitalistischer Gegenwartsgesellschaften« (ebd.: 38), die Konzentration auf die vier strukturbildenden Kategorien ›Rasse‹, Geschlecht, Klasse und Körper angemessen. Diese stehen für »Klassismen, Heteronormativismen, Rassismen und Bodyismen« (ebd.; dazu kritisch Knapp 2013b: 350). Sollen dagegen auf der Mikroebene die unterschiedlichen Identitätskonstruktionen erfasst werden, müssen die analytischen Kriterien nicht nur stark erweitert, sondern auch prinzipiell offengehalten werden (Winker/Degele 2009: 59). Diese Offenheit ist der Tatsache geschuldet, dass sich aufgrund »fortschreitender Individualisierungsprozesse« in der Spätmoderne die Kategorien, mit denen sich Individuen selbst beschreiben, nicht eingrenzen lassen (ebd.).

Allerdings führt diese konzeptionelle Unterscheidung der Analyseebenen nicht zur erhofften Klarheit. Die Bestimmung der makrostrukturellen Masterkategorien ist nicht so eindeutig, wie es die Unterteilung in Mikro- und Makroebene nahelegt. Für Knapp selber ist es in ihren frühen Texten evident, dass sich die Gesellschaftsanalyse an der Trias von Geschlecht, ›Rasse‹/Ethnizität und Klasse orientieren müsse, da diese die relevanten Dimensionen sozialer Ungleichheiten in der Moderne umfassen (Knapp 2005). Bereits im Aufsatz von 2008 macht sie aber deutlich, dass sich die axialen Strukturen nicht historisch invariant präsentieren. So werden auch Alter und Religion als mögliche Sozialstrukturen diskutiert (Knapp 2008a: 148f.).[32]

Tatsächlich ist fraglich, ob die Unterscheidung zwischen Mikro- und Makroebene die zentrale Unterscheidung ist, die über die Relevanz der Analysekategorien entscheidet. Denn die Intersektionalität von Rassismus, Sexismus, Heteronormativität und Klassenstrukturen gründet gerade auch darauf, dass sich Institutionen, intersubjektive Verhältnisse, individuelle Erfahrungen und symbolische Diskurse wechselseitig verbinden, stützen und ergänzen. Es gehört demnach zur Logik der Artikulation der Intersektionalität, dass sie zwischen verschiedenen gesellschaftlichen Bereichen wie der individuellen Subjektposition, der Ökonomie, den staatlichen Institutionen sowie den kulturellen und symbolischen Repräsentationen einen Zusammenhang schafft (siehe Abschnitt 2.3). Damit wird die Bedeutung der Unterscheidung der Analyseebenen aus heuristischer Sicht relativiert. Wichtiger als die Analyseebenen erscheint vielmehr das machttheoretische Verständnis von Differenz, das die Perspektive auf Intersektionalität prägt und darüber entscheidet, welche Kategorien in einer Analyse intersektionaler Macht in den Blick kommen sollten.

Vielfältige Typen und Formen der Differenz

In ihrem Text *Intersektionalität und feministische Politik* geht Nira Yuval-Davis zwar auch davon aus, dass sich gesellschaftlich wirkmächtige Differenzierungsformen in Gestalt von »Organisationen, Intersubjektivität, Erfahrung und Repräsentation« (Yuval-Davis 2009: 56) manifestieren können, die den oben genannten vier Analyseebenen der Mikro-, Meso-, Makroebene sowie der

Repräsentationsebene entsprechen. Sie richtet ihr Augenmerk aber stärker auf die Frage, welche Arten von sozialer Differenzierung es gibt und welche für eine herrschaftskritische Intersektionalitätsanalyse relevant sind. Dabei unterscheidet sie mit Sandra Harding diejenigen Differenzen, die sich auf unterschiedliche Machtpositionen beziehen, von den ›reinen Differenzen‹. Es sind dies jene »kulturellen Unterschiede, die verschiedene kulturelle Erkenntnisprojekte auch dann prägen würden, wenn es keine Unterdrückungsverhältnisse zwischen verschiedenen Kulturen gäbe« (ebd.: 57). Darüber hinaus führt sie als dritte Differenz die politischen Werthaltungen ein, die unterschiedliche politische Gemeinschaften konstituieren und ebenfalls zu einem vereinheitlichenden Faktor der Differenzierung werden können. Im Blick auf den ersten Typus der Differenz, die sie als soziale Positionierung in einem Machtnetz definiert, sind für Yuval-Davis nicht nur die drei oder vier Masterkategorien der Intersektionalität relevant, sondern auch Befähigung, Alter und vieles mehr (ebd.: 57). Dass eine Erweiterung der sozialen Klassifikationskategorien grundsätzlich möglich und sinnvoll ist, hängt nach Yuval-Davis damit zusammen, dass sich soziale Positionierungen und politische Gruppenbildungen dynamisch und konflikthaft vollziehen und nicht durch starre kulturelle Gruppenidentitäten fassbar sind (ebd.: 56). Für Yuval-Davis ist entscheidend, dass sich die Erforschung von Intersektionalität auf Differenzen bezieht, die im Sinne von sozialer Ungleichheit wirken, also zum ersten und dritten Typus von Differenz gehören, und nicht auf ›rein‹ kulturelle Differenzen. Allerdings stehen »Standpunkte, Identitäten und Werte« (ebd.: 58) nach Yuval-Davis nicht isoliert nebeneinander. Wie sie in einem späteren Text verdeutlicht, ist eine der großen theoretischen Leistungen des Intersektionalitätsansatzes, dass er das Verhältnis dieser drei Differenzierungsformen in den Blick nehmen kann (Yuval-Davis 2013: 210).

Auch Lutz und Wenning orientieren sich bei der Bestimmung gesellschaftlicher Klassifikationslogiken an einem bestimmten Verständnis von Differenz. Sie definieren gesellschaftliche Differenzierungslogiken dadurch, dass sie eine hierarchische Dualität etablieren, die die Organisation moderner Gesellschaften strukturiert (Lutz/Wenning 2001: 19–21). Dank dieser Optik lassen sich vielfältige Ordnungskategorien identifizieren, die hierarchisch funktionieren und gesellschaftliche Ein- und Ausschlussmechanismen, Konfliktlinien und Normalitätsstrukturen etablieren. Lutz und Wenning nennen dreizehn mögliche Kategorien, die solche Trennlinien markieren und die sich noch erweitern lassen. Nicht nur Geschlecht, Klasse oder Sexualität, sondern etwa auch die hierarchische Klassifikation nach Zugehörigkeit und Nicht-Zugehörigkeit zu einer Nation, nach ›zivilisierter und unzivilisierter Kultur‹ oder nach ›standardsprachlichen und nichtstandardsprachlichen Sprachkenntnissen‹ werden in diesem Sinn als wichtige gesellschaftliche Ungleichheitsstrukturen fassbar (Lutz/Wenning 2001: 20).

Sowohl für Yuval-Davis als auch für Lutz und Wenning ist der Fokus der Intersektionalitätstheorien fraglos auf Ungleichheit gerichtet, und die Machtstrukturen werden primär als gesellschaftliche Teilungs- und Spaltungspraktiken verstanden. Dieser Fokus auf die hierarchisierenden Spaltungslinien einer Gesellschaft blendet jene Machteffekte aus, die sich in Form von Normierungs- und Disziplinierungspraktiken auswirken und deren spezifische Problematik nicht nur darin liegt, dass sie Menschen ungleich machen und sozial hierarchisieren, sondern auch daher rührt, dass sie Subjekte spezifisch disziplinieren und zurichten. Diese Perspektive fehlt in vielen Intersektionalitätstheorien, und dieser Mangel lässt sich durch die Erweiterung der relevanten Ungleichheitskategorien allein nicht beheben. Wichtig ist vielmehr, dass in Intersektionalitätsansätzen das

Verständnis von Macht und Herrschaft komplexer gefasst wird (Demirović/Maihofer 2013: 40).

Wenn zusätzlich zu Formationen der Ungleichheit auch Prozesse der Normierung und Disziplinierung in ihren intersektionalen Verschränkungen analysiert werden, dann wird das Feld möglicher Analysekategorien nochmals erweitert. Es geht dann nicht nur darum, soziale Achsen und Spaltungen zu rekonstruieren, sondern auch darum zu zeigen, wie sich spezifische Normen subjektiv, institutionell und epistemisch materialisieren (Maihofer 2015). Soll die Intersektionalitätsforschung nicht »herrschaftsblind« sein (Demirović/Maihofer 2013: 39; Rommelspacher 2011), so muss sie auch zeigen, wie sich intersektionale Zusammenhänge im Leben hegemonialer Subjekte konkret auswirken. Dabei können ganz neue und unerwartete Kategorien wie etwa jene der Elternschaft respektive der Kinderlosigkeit zu analytischen Kategorien werden, die etwas darüber aussagen, wie hegemoniale Geschlechternormen gesellschaftlich wirkmächtig sind und welche intersektionalen respektive mehrdimensionalen Aspekte sie beinhalten (Maihofer 2015: 649).

Die Reflexivität intersektionaler Analysen und Kritik

Bisher wurde gezeigt, dass die Antwort auf die Frage nach der relevanten Anzahl sozialer Analysekategorien davon abhängt, welcher Gegenstand untersucht wird, welches Erkenntnisinteresse damit verbunden ist und wie Macht und Herrschaft konzipiert werden. Dabei wurde argumentiert, dass aus macht- und herrschaftskritischer Sicht die Anzahl relevanter Kategorien auf allen Analyseebenen über die Masterkategorien hinaus erweitert werden muss. Intersektionale Verbindungen von Ungleichheit und Ausschluss, aber auch von Normierung und Disziplinierung wirken sowohl in und durch staatliche Institutionen und juridische und politische Praktiken als auch durch soziale Interaktionen und symbolische Ordnungen. Aufgrund dieser Verbindungen haben subjektive Diskriminierungserfahrungen und die Analyse von Subjektpositionen eine heuristische Funktion für die Kritik struktureller Macht und Herrschaft.

Offen geblieben ist dabei die Frage, ob die Anzahl der Analysekategorien nicht nur erweitert, sondern auch beschränkt werden kann. Wie lässt sich etwa begründen, eine Analyse nur auf die Intersektionalität von Geschlecht, Migration und Religion zu fokussieren, wenn Klasse nachweislich eine für die meisten Gesellschaften eminent wichtige und strukturbildende Ungleichheitskategorie ist?

Eine mögliche Antwort auf dieses Problem liegt darin, noch einmal an die zweifache Ausrichtung der Intersektionalitätsforschung zu erinnern, die sowohl die Analyse von Unsichtbarkeit als auch die machttheoretische Bestimmung von Intersektionalität beinhaltet. Oben wurde diese Unterscheidung mit Hancock als ›invisible project‹ und als ›ontological project‹ bezeichnet (siehe Abschnitt 2.3). Bei der Analyse von Unsichtbarkeit geht es um Fragen der Art: Welche Ausschlüsse und Leerstellen werden durch eine spezifische Analyse sichtbar oder unsichtbar gemacht? Und wie lassen sich künstliche Gegensätze in Diskurspolitiken aufdecken und überwinden? Dabei geht es nicht darum, die intersektionale Verbindung von Macht in ihrer gesellschaftlichen Totalität anhand eines bestimmten Phänomens zu erforschen, sondern um die Aufdeckung von Machtzusammenhängen, die unbekannt oder unsichtbar sind. Durch die Freilegung von solchen unbekannten Aspekten werden eindimensionale Analyseraster erschüttert, und diese epistemische Erschütterung kann einen überraschenden theoretischen Perspektivenwechsel auslösen. Gemessen am epistemischen Eigenwert einer solchen

Neuperspektivierung wird der Anspruch, intersektionale Macht sei zwingend in ihrer Totalität zu erfassen, relativiert. Dieser Eigenwert des Perspektivenwechsels lässt sich an einem Beispiel verdeutlichen.

So kann gerade ein sehr spezifischer Fokus, zum Beispiel jener auf die »Verflechtungen von Rassismus und Ableism« (Gummich 2015), das Verständnis beider neu erfassen und ihre strukturellen Verbindungen aufdecken. Dass das heute als Down-Syndrom bezeichnete Syndrom durch den britischen Arzt John Langdon Down 1862 als ethnische Degeneration bezeichnet wurde, woraus sich der alltagssprachliche Begriff des Mongolismus ableitete, verweist auf die Verschränkung von Rassismus und Ableism, die bis heute, etwa in der Reproduktionsmedizin, ihren Niederschlag findet (ebd.: 151). Mit dem Fokus auf das Verhältnis von Rassismus und Ableism werden die eindimensionalen Perspektiven, die *entweder* rassistische *oder* auf Befähigung bezogene Diskriminierungen untersuchen, überwunden. Dabei wird der epistemische Wert einer solchen Perspektivenverschiebung nicht dadurch geschmälert, dass er sich auf nur zwei Analysekategorien beschränkt. Allerdings ist es denkbar und sinnvoll, die Analyse der Intersektionen von Rassismus und Ableism um weitere Machtdimensionen zu ergänzen.

Der epistemische Effekt, Neues sichtbar zu machen und bestehende Analyseperspektiven zu verschieben, kann sich auch auf die Prämissen der Intersektionalitätsforschung selber und auf ihr kategoriales Vokabular beziehen. So argumentiert etwa Jasbir Puar, dass die Kategorie der Women of color mittlerweile als ein Label funktioniert, das im Feld der Intersektionalitätsforschung zu einer hegemonialen Figur von Marginalisierung geronnen und zu einer ›Prothese‹ für weiße Frauen geworden ist, die diese befähigt, feministische Kritik zu formulieren (Puar 2012). Auch die Kategorie Queer ist nach Puar nicht mehr per se eine kritische Kategorie. Sie ist in bestimmten gesellschaftlichen Kontexten vielmehr zu einem Begriff geworden, der rassistische und nationalistische Logiken stärken und eine hegemoniale Position unterstützen kann, die im Sinne eines »Homonationalismus« funktioniert (Puar 2007). Die ›homonationalistische‹ Integration und Anerkennung queerer Subjekte im liberalen, gesellschaftlichen Mainstream-Diskurs dient nach Puar westlichen Nationen dazu, sich gegenüber nicht-westlichen Ländern, die als homophob dargestellt werden, zu legitimieren und auszuzeichnen. Gleichzeitig funktioniert diese Instrumentalisierung nur, wenn sich queere Subjekte hegemonialen Normen anpassen und wenn sie für eine kapitalistische Gesellschaft produktiv werden. Ausgeschlossen und verworfen bleiben dabei jene Formen des Queer-Seins, die sich diesen Normierungen nicht unterwerfen lassen.

Die Möglichkeit zur Veränderung der Perspektiven auf Intersektionalität muss also auch darum offengehalten werden, weil sich ein emanzipativer Diskurs nicht nur gegen ein hegemoniales Feld wendet, sondern immer auch selbst ein Feld von Wissen und Macht generiert, welches Ausgeschlossenes, Unsagbares und Verschwiegenes in sich fasst (Purtschert/Meyer 2010). In diesem Sinn sind die Analysekategorien der Intersektionalität nicht nur aufgrund der Vielfalt ihres Gegenstandes nicht abschließend zu bestimmen, sondern auch aufgrund der Forderung, Reflexivität und Selbstkritik in Intersektionalitätstheorien nicht auszuschließen. Vor diesem Hintergrund ist die Suche nach den relevanten Kategorien der Intersektionalitätsanalyse, die sich an den klassischen Masterkategorien oder an weiteren soziologischen Ungleichheitskategorien wie Alter oder Befähigung orientiert, nur teilweise überzeugend. Denn die kritische Leistung von Intersektionalitätsanalysen liegt unter anderem darin, dass sie neue Phänomene intersektionaler Machtformationen sichtbar machen, die gerade dadurch zustande kommen, dass neue Analysekategorien, wie sie etwa Puars Konzept des Homonationalismus darstellt, gebildet werden.

Nach Kimberlé Crenshaw hat die Erforschung von Intersektionalität letztlich zum Ziel, »to articulate what difference our differences made in the specific projects at hand« (Crenshaw 2011b: 226). Wenn wir das Argument ernst nehmen, dann bedeutet dies, dass die richtige Wahl der Analysekategorien, die ein epistemisches und politisches Projekt in emanzipatorischer Absicht verändern können, letztlich das Ergebnis, nicht die Voraussetzung gelungener Intersektionalitätsforschung ist.

3.3 Streit um Identität

Soziale Identitätskategorien dienen in intersektionalen Ansätzen nicht nur als ein heuristisches Instrument zur Analyse von Macht, sondern sie entwickeln auch selber Macht. Diese hängt mit der Kraft der Sprache zusammen, durch Bezeichnung und Benennung die Sicht auf die Welt zu prägen und Phänomene in einer bestimmten Hinsicht zugänglich zu machen. Weil Begriffe weltbildend und praxisleitend sein können, müssen sich auch Intersektionalitätstheorien danach beurteilen lassen, welche Weltsichten und Praktiken sie mit ihrer Sprache erschaffen und wie sich darin allenfalls ungerechte Verhältnisse reproduzieren. Im Zentrum dieser Fragen steht die Bedeutung der sozialen Identitätskategorien.

Identitätskategorien wie ›Rasse‹, Klasse und Geschlecht, dies wurde bereits deutlich, kommen in Intersektionalitätstheorien in verschiedenen Bedeutungen vor: Sie dienen als heuristische Kategorien für die Machtkritik, sie sind Gegenstand der Analyse diskursiver Ausschlüsse und Markierungen und sie fungieren als Mobilisierungsbegriffe und Namen für Allianzen, die der kollektiven Selbstbezeichnung dienen (siehe Abschnitt 2.4). Ein gemeinsamer Nenner ist ihr Bezug auf eine Identität, die im Sinne einer sozialen Gruppenzugehörigkeit verstanden wird.

Für viele Kritiker_innen der Intersektionalitätsforschung liegt in diesem Bezug auf Identitätskategorien ihre zentrale Schwäche. Sie sehen darin eine juridische Logik am Werk, die den Anwendungsbereich des Intersektionalitätskonzepts begrenzt, die einer Entpolitisierung der Forschung Vorschub leistet oder die zur Reproduktion eurozentristischer Sichtweisen und reformistischer Identitätspolitiken beiträgt.

Die juridische Logik des Intersektionalitätskonzepts

Für viele Autor_innen ist Intersektionalität zwar ein sinnvolles Konzept, aber nur in einem sehr engen und spezifischen Anwendungsbereich, das heißt im Rahmen von rechtlichen Antidiskriminierungspolitiken, die notwendigerweise mit sozialen Identitätskategorien operieren. Intersektionalitätsforschung wird entsprechend im Anschluss an Crenshaw mit einer Antidiskriminierungsanalyse gleichgesetzt, die sich zwingend auf soziale Ungleichheitskategorien wie Geschlecht, ›Rasse‹, Klasse, Sexualität, Alter, Religion, Behinderung und anderes mehr stützen muss, weil eben diese Kategorien der Anlass für diskriminierende Praktiken sind, aber auch mit Freiheitsrechten verbunden werden. Der juristische Schutz von Rechtssubjekten kann demnach in einem identitätszentrierten Ansatz der Intersektionalitätsanalysen angemessen erfasst werden. Dieser Bezug auf eine juristische Logik steckt nach Meinung vieler Autor_innen aber gleichzeitig den Rahmen ab, innerhalb dessen intersektionale Perspektiven sinnvoll sind. Eine weitergehende Analyse, die sich mit strukturellen Phänomenen der Ungleichheit befasst und nach ihren gesellschaftstheoretischen und historischen Gründen fragt, erscheint aus dieser Sicht mit dem Instrumentarium des Intersektionalitätskonzepts nicht möglich (Conaghan 2009; hornscheidt 2013).

Eine ähnliche Argumentation findet sich auch bei Jasbir Puar. Für Puar ist Intersektionalität eine Perspektive, die die juridische Frage nach der Schuld und nach individuellen Ursachen und Tätern in das Blickfeld rückt (Puar 2012: 59, 61). Dies ist nach Puar die Perspektive auf die normative Macht von Disziplin und Strafe. Weil die Disziplinarmacht im Sinne von Michel Foucault dadurch wirkt, dass sie Menschen als Individuen voneinander isoliert und die Gesellschaft fragmentiert und spaltet, ist das kategoriale und identitätszentrierte Vokabular der Intersektionalität gemäß Puar bestens dazu geeignet, diese Spaltungen zu benennen und zu erkennen. Allerdings versagen dieses Vokabular und die damit verbundene statische Machtkonzeption, wenn es darum geht, das Werden und die Kämpfe innerhalb der Gesellschaft konzeptionell zu fassen, die der intersektionalen Bezeichnungspraxis, der Normierung und Disziplinierung vorausgehen. Auch für Puar ist die Intersektionalitätsperspektive darum nur in beschränktem Rahmen sinnvoll (siehe Abschnitt 2.3).

Der unpolitische Umgang mit Identitätskategorien

Eine weitere Kritik an der Intersektionalitätsforschung betrifft nicht deren beschränkten juridischen Anwendungsbereich, sondern deren unpolitischen Umgang mit sozialen Identitätskategorien, der Intersektionalität im Sinne von Diversity und Multikulturalismus interpretiert. Nach dieser Kritik bleiben Intersektionalitätsansätze bei einer oberflächlichen Nennung von Identitätskategorien stehen, die keine Tiefenanalyse der Machtfaktoren erlaubt (Erel et al. 2011). Soziale Analysekategorien werden nur als deskriptive Marker verstanden, sind jedoch nicht gesellschaftstheoretisch eingebunden (Gutiérrez Rodríguez 2011: 83). In Abschnitt 1.4 wurde bereits erwähnt, wie weit diese Kritik mit der Akademisierung der Intersektionalitätsforschung in Verbindung gebracht wird und sich auf deren Entwicklung zu einem Ansatz des Diversity-Managements bezieht.

Gemäß dieser kritischen Position zeigt sich die Entpolitisierung der Intersektionalitätsforschung beispielhaft am Umgang mit der Kategorie ›Rasse‹. ›Rasse‹, so kritisieren etwa Erel et al. (2011), wird heute zwar in deutschsprachigen Intersektionalitätsanalysen begrifflich integriert, aber nicht im Sinne einer strukturellen Analyse rassistischer Arbeitsteilung und politischer Organisation (Erel et al. 2011: 66). Gutiérrez Rodríguez (2011) kontrastiert diesen unpolitischen und identitätszentrierten Umgang mit ›Rasse‹ mit den frühen antirassistischen Interventionen in Deutschland, wie sie etwa im Projekt FeMigra formuliert wurden (siehe Abschnitt 1.2). Auch Sedef Gümen konstatiert, dass sich ab Mitte der 1990er Jahre in Deutschland im Umgang mit der Kategorie ›Rasse‹ ein Paradigmenwechsel beobachten lasse. Sie werde nun zwar in geschlechtertheoretischen und feministischen Diskursen rhetorisch integriert, die strukturelle Perspektive bleibe aber ausgeklammert – ganz im Gegenteil zu den Kategorien Geschlecht und Klasse, die als Struktur- und Herrschaftskategorien verstanden werden. ›Rasse‹ bleibe so ein deskriptiver Begriff ohne analytischen, gesellschaftskritischen Gewinn (Gümen 1998).

Das Problem des Intersektionalitätsansatzes liegt nach Meinung dieser Kritikerinnen darin, dass er machtkritische Analysen nicht nur nicht leistet, sondern sogar verhindert, weil er den Eindruck vermittelt, das gesellschaftliche Problem sei mit der

Aufzählung von sozialen Kategorien gelöst. »Freischwebende Intersektionalitätsanalysen« können darum sogar »gefährlich« sein (Erel et al. 2007: 245 f.). Die Analysen von Intersektionalität müssen demnach immer machtkritisch gerahmt werden, indem sie entweder in einem postkolonialen oder in einem antirassistischen Kontext »ausbuchstabiert« werden (ebd.: 245).

Ähnlich kritisiert auch Knapp, dass sich das mit der Intersektionalitätsperspektive verbundene Potenzial nicht ausschöpfen lasse, solange sich die Diskussionen zur Intersektionalität auf soziale Gruppenkategorien und die damit verknüpften Identitätskategorien konzentrieren (Knapp 2013b: 350). Sie fordert allerdings keine postkoloniale, sondern eine gesellschaftstheoretische Rahmung durch die »Einbettung unterschiedlicher und gleichwohl verflochtener Teilungsverhältnisse in die Gegenwartsgesellschaft« (ebd.).

Auch Collins und Bilge verweisen auf Tendenzen in Richtung einer Entpolitisierung der Intersektionalität, die sich am Wandel des Begriffs People of color in den USA aufzeigen lassen. Der Begriff werde heute in Diversity-Programmen als allgemeiner Oberbegriff für Diversität verwendet und verliere dadurch seinen kritischen und aktivistischen Bezug auf Ungleichheit (Collins/Bilge 2016: 185). Der Begriff People of color etabliert einen ›weißen Rahmen‹, in dem ungleiche Erfahrungen und soziale Positionen von People of color unter einem gemeinsamen Begriff nivelliert und ausgelöscht werden. Dies führt nach Collins und Bilge zu einer ironischen Verkehrung des Differenzdenkens: Der Begriff People of color, der ursprünglich auf die Komplexität sozialer Ungleichheitslagen aufmerksam machen sollte, dient heute dazu, Differenzen einzuebnen. Collins und Bilge sehen das Problem auch darin, dass der Begriff nun von oben eingeführt und zu einem Managementbegriff wird. Diese Entwicklung, so meinen sie, verlaufe analog zu jener des Begriffs der Intersektionalität, in der das ältere und kritischere Vokabular der Intersektionalitätsansätze verdrängt werde (Collins/Bilge 2016: 185).

Der Vorwurf, die Intersektionalitätsperspektive fördere die Entpolitisierung und führe zu einem Verlust an Herrschaftskritik, findet sich auch bei Cornelia Klinger (2008). Sie macht dies an der Verwischung von Differenz und Ungleichheit fest. Nach Klinger löst das Intersektionalitätskonzept Kategorien wie ›Rasse‹, Klasse und Geschlecht aus dem Bezugsrahmen der Herrschaftsverhältnisse heraus, und sie erscheinen als »frei flottierende *player* im Spiel von Differenzen – ein Spiel, das höchstens noch als Machtspiel aufgefasst wird, während die Strukturen der Herrschaftssysteme aus dem Blick geraten« (Klinger 2008: 57). Eine Konsequenz dieser Entkoppelung zeigt sich nach Klinger daran, dass der Fokus auf Diskriminierung die Unterdrückten »als mit spezifischen Problemen behaftet« (Klinger 2008: 58) konzeptualisiert. Sie werden in ihrer ›Anormalität‹ im Sinne einer ›Behinderung‹ aufgefasst, die durch sozialtechnologische Maßnahmen zu beheben ist, während die gesellschaftlichen Strukturen unberührt bleiben. Klingers Kritik lässt sich allerdings nicht pauschal auf alle Intersektionalitätstheorien anwenden. So argumentiert auch Crenshaw gegen Unterstützungsprogramme und Anlaufstellen etwa für Opfer von häuslicher Gewalt, die ihr Ziel verfehlen, wenn sie die strukturellen und politischen Intersektionalitäten aus dem Blick verlieren (siehe Abschnitt 1.3).

Eurozentristische Kategorien

Ein weiterer Kritikpunkt an der Intersektionalitätsforschung betrifft die eurozentristische Rahmung der von ihr verwendeten Identitätskategorien, wobei der Begriff des Eurozentrismus auch die Zentrierung auf Amerika mit einbegreift. Aus postkolonialer Sicht ist die Arbeit mit sozialen Kategorien insofern problematisch, als diese einen abstrakten und universalisierenden Zugriff implizieren, der seine eigene Geschichtlichkeit und Partikularität verdeckt. Wenn sozialkritische Texte die Begriffe ›bürgerlich‹ und ›kapitalistisch‹ verwenden und damit im Anschluss an Marx einen gesellschaftstheoretischen Anspruch verbinden, dann meinen sie, so der Historiker Dipesh Chakrabarty, damit eigentlich ›europäisch‹ (Chakrabarty 2010: 43). Wenn wir diesen Befund ernst nehmen und auf Intersektionalitätstheorien übertragen, dann ist der Intersektionalitätsansatz, der mit unterschiedlichen sozialen Kategorien wie ›Rasse‹, Geschlecht, Sexualität und Klasse operiert, ein eurozentristisches Projekt, da die sozialwissenschaftlichen Kategorien einer ›europäischen‹ (Theorie-)Geschichte entstammen und damit eine eurozentristische Perspektive weiterführen.

Was dies konkret bedeutet, analysiert Yuval-Davis in Bezug auf die Anwendung des Intersektionalitätsansatzes als Instrument des Gender-Mainstreaming in der internationalen Menschenrechtspolitik (Yuval-Davis 2009). Nach Yuval-Davis ist schon »eine vermeintlich einfache Kategorie wie die Zugehörigkeit zu einer religiösen Gemeinschaft oft mehrdeutig und vielschichtig« (Yuval-Davis 2009: 63) und kann je nach Kontext, in dem sie angewendet wird, negative Auswirkungen haben. Denn nicht in jedem kulturellen Kontext wird religiöse Zugehörigkeit als etwas verstanden, das eindeutig ist und darauf beruht, dass sich Angehörige einer Religion entweder der einen oder der anderen religiösen Gemeinschaft zurechnen. In vielen Kontexten sind die Kombination verschiedener religiöser Praktiken und die Teilhabe an mehreren Religionsgemeinschaften gängige Praxis. Yuval-Davis erinnert an die verheerenden Folgen, die im Kolonialismus durch die Einführung von sich ausschließenden sozialen Identitätskategorien ausgelöst wurden, mit denen Menschen adressiert und identifiziert wurden und die soziale Spannungen und Spaltungen in vormals geeinte lokale Gemeinschaften getragen haben (Yuval-Davis 2009: 63).

Damit die Kategorien, die in Intersektionalitätsanalysen verwendet werden, den historischen und globalen Kontexten Rechnung tragen und nicht dazu beitragen, Identitäten zu konstruieren und damit aktiv Differenzen und Spaltungen zu erzeugen, müssen sie, wie Chakrabarty in anderem Zusammenhang mit Bezug auf die Theoriegeschichte des Marxismus schreibt, übersetzbar sein (Chakrabarty 2010: 146). Solche Übersetzungsleistungen und Übersetzbarkeiten sind nur möglich, wenn soziale Kategorien in ihrer Begriffsgeschichte, ihrer Historizität und Kontextualität bewusst gehalten werden.

Kritik und Verteidigung der Identitätspolitik

Insbesondere in intra- und interkategorialen Ansätzen der Intersektionalitätsforschung (siehe Abschnitt 2.4) ist der Gebrauch von Identitätskategorien unverzichtbar. Damit aber, so lautet ein weiterer Vorwurf an Intersektionalitätsforschungen, tragen diese Ansätze dazu bei, soziale Identitäten zu verfestigen und zu stärken, und befördern damit eine reformistische Identitätspolitik. Statt das Denken in Kategorien zu vermeiden und die gesellschaftlichen, kategorial vermittelten Ordnungen zu überschreiten, begnügen sich Intersektionalitätsansätze, so Isabell Lorey, »mit dem Verschieben von Bezeichnungen« (Lorey 2010: 53). Das Problem von Identitätskategorien und Identitätspolitiken liegt nach Lorey darin, dass sie eine juridische Logik der Souveränität, des Urteils und der Kontrolle etablieren. Das Identitätskonzept folgt, so formuliert es Puar, einer Ontologie des identitären Subjekts X (Puar 2012: 55), die aus der ganzen Welt ein Subjekt machen will (ebd.: 62).

Die Kritiken von Lorey und Puar zielen also nicht auf den unpolitischen Umgang mit Identitätskategorien, sondern auf das Konzept von Politik und Kritik, das an der Logik kategorialer Identität und identitärer Subjektivität ausgerichtet ist. Aus der ganzen Welt ›ein Subjekt machen zu wollen‹ bedeutet, dass sich auch die emanzipatorische Politik an den Prinzipien der Ordnung, Einheit und Souveränität orientiert, die der Logik des Identitären entsprechen. Intersektionalitätsansätze machen damit, so kritisiert Lorey, Formen politischer Praxis undenkbar, die auf kollektive Bewegungen und neue Formen des Gemeinsamen aufbauen, »die keine Vorbilder haben« (Lorey 2010: 57).

Tatsächlich ist die Entstehung der Intersektionalitätsperspektive, wie im ersten Kapitel gezeigt, besonders in feministischen, antirassistischen und bürgerrechtlichen Kontexten entwickelt worden, in denen es darum ging, marginalisierte, diskriminierte und missachtete Subjekte im Rahmen einer gegebenen Rechtsordnung in ihren Rechtsansprüchen zu stärken, in ihrem Stolz und ihrer politischen Handlungsfähigkeit zu ermächtigen und als Individuen und Gruppen in ihrer spezifischen Identität sichtbar zu machen. Allerdings schloss das insbesondere in den frühen Interventionen zur Intersektionalität – wie zum Beispiel des Combahee River Collective oder von Audre Lorde – nicht aus, dass die Kritik an intersektionalen Ausschlüssen als Kampf für neue Formen von Sozialität verstanden wurde und dass sich Gerechtigkeitsforderungen nie nur auf Individuen, sondern immer auch auf kollektive Lebenszusammenhänge bezogen. Vor diesem Hintergrund scheint sich die Kritik an der Identitätspolitik von Intersektionalitätsforschungen vor allem gegen jüngere Ansätze zu richten, in denen der individualistische Ansatz dominiert.

Allerdings gibt es auch erkenntnistheoretische und politische Argumente, die auf Seiten der Intersektionalitätstheorien *gegen* die zu starke Auflösung von Identitätslogiken und -politiken sprechen. So betont etwa Patricia Hill Collins, dass es wichtig ist, die sozialen Positionen und Standpunkte zu konkretisieren, von denen aus Theorie und Praxis entwickelt werden (Collins 2003). Weil die sozialen Standpunkte dadurch zustande kommen, dass Menschen sich anhand identitärer Zuschreibungen und Adressierungen gesellschaftlich positionieren und positioniert werden, ist der Verzicht auf diese Identitätsbegriffe aus epistemologischer Perspektive unsinnig. Die epistemologische Standpunkttheorie erfasst nach Collins diesen Zusammenhang und beschreibt, wie Wissen über gesellschaftliche Machtverhältnisse aufgrund der sozialen Positionierung zustande kommt und wie durch Bewusstseins- und Gruppenbildung die gesellschaftlichen Verhältnisse geändert werden können. Im Vergleich zur Standpunkttheorie, die vor allem in ihrer klassischen Version einen starren Begriff der Gruppenidentität vertritt, erscheinen Intersektionalitätstheorien für Collins nicht als identitätsstiftend, sondern im Gegenteil als identitätsauflösend. Gerade darin aber sieht sie die besondere Leistung der Intersektionalitätsperspektive. Sie ermöglicht, was Collins im Rekurs auf Marx einen »shared standpoint« (2003: 221) nennt. Dieser bildet sich heraus, wenn eine Analyse der intersektional komplexen Gruppensituierung von Schwarzen Frauen einen intersektional komplexen »Black women's standpoint« entwerfen kann (ebd.: 222; siehe auch Abschnitt 2.4).

Auch Crenshaw (1991) wendet sich gegen eine Form von Identitätskritik, die einem ›vulgarisierten Sozialkonstruktivismus‹ folgt und davon ausgeht, dass es ›so etwas wie Schwarze oder Frauen‹ nicht gibt (Crenshaw 1991: 1296). Der falsch verstandene Sozialkonstruktivismus vermischt nach Crenshaw zwei Bedeutungen von Macht, die zusammenhängen, aber nicht identisch sind. Die eine besteht in der Macht der sozialen Kategorisierung, die andere in der Macht, der Kategorisierung soziale und materielle Wirkung zu geben. Weil soziale Kategorisierungen sehr wohl materielle Konsequenzen haben können, genügt es nach Crenshaw nicht, sich einfach gegen Identitätszuschreibungen zu wehren. Es müssen vielmehr immer auch die konkreten Praktiken der gesellschaftlichen Segregation, die zum Beispiel mit Identitätszuschreibungen nach ›Rasse‹ verbunden sind, bekämpft werden. Das aber ist nach Crenshaw nur möglich, wenn sich Gruppen unter dieser Zuschreibung verbinden und eine Form von intersektionaler Identität mobilisieren, um politisch gegen ihre Marginalisierung kämpfen zu können (siehe auch Abschnitt 1.3).

Kritische Perspektiven verbinden, nicht trennen

Die Bedeutung von Identitätskategorien ist ein zentraler Streitpunkt in der Intersektionalitätsforschung, der sich nicht leicht auflösen lässt. Der Streit bleibt darum akut, weil soziale Identitäten für emanzipatorische Politik und kritische Wissensproduktion eine wichtige und zugleich ambivalente Rolle spielen. Allerdings ist das Bewusstsein dieser Problematik vor allem in den frühen Intersektionalitätsansätzen vorhanden und wird kritisch reflektiert. Um dieses kritische Bewusstsein im Umgang mit der eigenen Forschungspraxis nicht zu verlieren, müssen Analysen zur Intersektionalität grundsätzlich vermeiden, Kategorien zu essenzialisieren und als Marker für starre Identitäten und Subjektpositionen zu verwenden. Stattdessen sollten sie die Kategorien so einsetzen, dass sie sich der Herrschaftsgeschichte, die hinter den Begriffen steht, bewusst bleiben. *Transformativ* wird der Gebrauch der Identitätskategorien in dem Moment, in dem sich anhand der Intersektionalitätsanalysen die Erkenntnis aufdrängt, dass die bestehenden Kategorien selber neu oder komplexer zu verstehen sind. Identitätskategorien können dadurch ein heuristisches Werkzeug zur Analyse von Intersektionalität sein und der politischen Mobilisierung als provisorische Referenz dienen, ohne eine essenzialistische Identitätspolitik oder umgekehrt eine radikale Dekonstruktion jeder kollektiven Identität zu betreiben.

Um diese Offenheit im Umgang mit Identitätskategorien zu bewahren, ist es sinnvoll, kritische Perspektiven miteinander zu verbinden und ineinander zu übersetzen, statt sie starr voneinander abzuheben. In diesem Sinn ist insbesondere die Verbindung von Intersektionalitätsperspektiven mit postkolonialen Forschungen vielversprechend, wie bereits in Abschnitt 2.5 vorgeschlagen. Es ist zum Nutzen beider, wenn die Übergänge zwischen Intersektionalitätsansätzen, die auf ein kategoriales Vokabular zurückgreifen, und postkolonialen Forschungen, die dieses Vokabular kontextualisieren, fließend bleiben. In eine ähnliche Richtung zielen auch die Vorschläge von Gabriele Dietze et al., »Queer Theory und Intersektionalität als zwei einander kontrollierende Perspektiven« (Dietze et al. 2007b: 136) zu verstehen und zu kombinieren. In beiden Fällen geht es darum, dekonstruktivistische und identitätszentrierte Ansätze in einen produktiven Dialog zu bringen, um damit unterschiedliche Machtformen, die durch Normalisierung und binäre Spaltungen funktionieren, zu erfassen, ohne sie zu reproduzieren. Der von McCall als antikategorial bezeichnete dekonstruktivistische Zugang zur Intersektionalität ist demnach nicht einfach einzuhegen und stillzustellen, sondern sollte in jeden Intersektionalitätsansatz selbstreflexiv integriert werden.

Die Frage, unter welchen Bedingungen es möglich und wünschbar ist, das Intersektionalitätskonzept auf weitere geografisch-kulturelle, internationale und auch transnationale Kontexte zu übertragen, ohne damit der Globalisierung westlicher Theorien und dem ihr immanenten Eurozentrismus sowie einem kategorien- und identitätsfixierten Ordnungsdenken Vorschub zu leisten, ist und bleibt eine große Herausforderung, der sich die Intersektionalitätsforschung nicht entziehen kann. Sie verweist auf einen der zentralen Aspekte, von denen abhängt, ob die Intersektionalitätsforschung ihr Potenzial als kritisch-transformativer Ansatz in Theorie und Praxis einlösen kann.

4. Ausblick

Der Begriff der Intersektionalität, der im deutschen Alltagswortschatz lange Zeit fast unbekannt war, hat in den letzten Jahren aufgrund antirassistischer und feministischer globaler Protestbewegungen zunehmend auch im deutschsprachigen Diskurs an Bedeutung gewonnen. Wichtige Publikationen und ein vielfältiger Aktivismus haben den Ansatz über die Akademie hinaus bekannt gemacht (u.a. Roig 2021). Gleichwohl gilt, dass das Intersektionalitätskonzept im allgemeinen gesellschaftlichen Diskurs noch nicht in selbstverständlicher Weise einbezogen wird, wann immer es um die kritische Analyse von Machtverhältnissen, Ungleichheit und diskursiven Ausschlüssen geht. Das ist zu bedauern, denn die Perspektive auf Intersektionalität kann dem Aufrechnen von unterschiedlichen Diskriminierungen und Ungleichheiten im politischen Alltag eine andere Haltung entgegensetzen. Sie kann zeigen, dass das, was als Gegensatz und Konflikt unterschiedlicher Interessengruppen konstruiert wird, jeweils einer beschränkten Perspektive folgt, die den intersektionalen Zusammenhang, aber auch die internen Spannungen, die zwischen kapitalistischer Ausbeutung, nationalstaatlicher Souveränität, rassistischer und sexistischer Arbeitsteilung und der heteronormativen Organisation von Nationalstaat, Familie und Subjekt bestehen, aus dem Blick verliert.

Die Erzeugung von Polaritäten und das Aufrechnen bzw. gegeneinander Ausspielen von Unrechtserfahrungen ist in der Politik der letzten Jahre weltweit zu einer zentralen und erfolgreichen Herrschaftstechnik geworden. Die Losung des ›Teile und herrsche‹ bestimmt – ob gewollt oder ungewollt – die Agenda und das Vokabular sogenannt volksnaher politischer Führer, Protestparteien und vieler Bürgerinnen und Bürger, die fordern, dass ihre Bedürfnisse notfalls auch auf Kosten von anderen befriedigt werden.

Gegen diese sich immer stärker ausbreitende Logik des Entweder-oder kann der Fokus auf Intersektionalität auf vielen Ebenen eine neue und kritische Perspektive eröffnen und einen Einspruch formulieren. Er kann aufzeigen, welche Individuen und Gruppen am Schnittpunkt solcher Entweder-oder-Logiken ausgelöscht werden. Er kann analysieren, wie die vermeintlich getrennten Machtformationen in der Sache zusammenhängen und sich wechselseitig stabilisieren und verstärken, so dass es politisch unklug ist, diese Verbindungen zu übersehen. Und er kann schließlich auch die Gerechtigkeitsfrage neu stellen: Denn auf welcher moralischen Grundlage kann eine Gruppe von Marginalisierten beanspruchen, dass ihr Gerechtigkeit widerfahren soll, wenn sie ihrerseits die Grundrechte von anderen Marginalisierten nicht anerkennt?

Dass sich das Konzept der Intersektionalität im allgemeinen gesellschaftlichen Diskurs noch nicht breit durchgesetzt hat, hat auch damit zu tun, dass es mehrdeutig und schwierig zu fassen ist. Die Analyse von Intersektionalität will das Bewusstsein für die Komplexität von Machtverhältnissen schärfen. Doch wie diese Komplexität zu bestimmen ist, ist eine Frage, die unlösbar mit geschichts-, gesellschafts- und machttheoretischen Überlegungen verbunden ist, welche über das Konzept der Intersektionalität und die darin anklingende Metapher der Straßenkreuzung hinausweisen. Für die Theorien der Intersektionalität bedeutet dies, dass auch künftig bedeutsame Forschungen zur Konzeptionalisierung von Intersektionalität insbesondere an den Schnittstellen verschiedener Disziplinen zu erwarten sind.

Auf die produktiven Verbindungen von Intersektionalitätsperspektiven mit Queer Studies, Postcolonial Studies, Poststrukturalismus und marxistischen Ansätzen wurde in diesem Buch bereits hingewiesen, ebenso auf die vielversprechenden Erweiterungen, die sich daraus ergeben, dass das Intersektionalitätskonzept mit Forschungen in den Bereichen der Dis/ability Studies, Masculinity Studies, Jewish Studies und vielen anderen verknüpft wird. Es ist der große Gewinn des Intersektionalitätskonzepts, dass es nicht nur eine Perspektive bietet, um die Verkettungen und Verschränkungen unterschiedlicher Machtformationen nach ›Rasse‹, Klasse, Geschlecht, Sexualität und weiteren Kategorien sichtbar zu machen, sondern dass es damit zugleich auch zur Verkettung und Verschränkung unterschiedlicher Forschungsrichtungen beiträgt, die diese Machtformationen kritisch untersuchen.

Allerdings ist dabei das Potenzial der disziplinären Reisen des Konzepts in andere theoretische Zusammenhänge noch lange nicht ausgeschöpft. Insbesondere im Bereich der politischen Philosophie setzt die Rezeption des Intersektionalitätskonzepts erst zögerlich ein. Hier kann ein Dialog zwischen den Theorieansätzen sehr produktiv sein, um Konzeptionen von Handlungsfähigkeit, Machtteilung und demokratischer Politisierung differenzierter zu analysieren (Meyer 2016). Als äußerst produktiv erweist sich zudem die Verbindung von Intersektionalitätstheorien mit Theorien epistemischer Ungerechtigkeit (Collins 2017). Hier eröffnet sich für die Analyse intersektionaler Ungleichheiten ein wichtiges Untersuchungsfeld, das Epistemologien als eigenständige Macht- und Unterdrückungsstruktur in das Verständnis von Intersektionalität integriert.

Eine Grundintuition der meisten Intersektionalitätsansätze ist die Überzeugung, dass dem widerständig-kritischen, aktivistisch-handelnden, gesellschaftlich gleichberechtigten und in seiner

Besonderheit anerkannten Subjekt eine Schlüsselrolle im Konzept einer gerechten Gesellschaft zukommt. Verglichen mit jenen machtkritischen Ansätzen, die das Handeln und Sprechen von Marginalisierten als konstitutiv prekär und immer schon bedroht konzipieren, stützen sich Intersektionalitätstheorien mehrheitlich auf ein Verständnis subjektiven Handelns, das durch äußere Herrschaftstechniken in Form von Diskriminierung, Marginalisierung und Gewaltausübung eingeschränkt ist, ohne dass die widerständige Handlungsfähigkeit der Marginalisierten dadurch qualitativ eingeschränkt wird. In diesem Sinn verfolgen Intersektionalitätsansätze eine ermächtigende, ermutigende und befähigende Theorie und Praxis und stehen aktivistischen Zusammenhängen und politischen Initiativen nahe, die sich allgemeinen emanzipatorischen Zielen verpflichten. Sie gehen davon aus, dass sich eine gerechte Gesellschaft entwickeln kann, wenn Herrschaftsformen vermieden werden, die marginalisierte Menschen gegeneinander aufhetzen und voneinander spalten. Die Intuition, dass marginalisierte Subjekte, *wenn* sie gesellschaftlich anerkannt und handlungsfähig sind, sich für emanzipatorische Ziele einsetzen wollen, gibt der Intersektionalitätstheorie einen grundsätzlich optimistischen Zuschnitt.

Doch die Intersektionalitätsperspektive ermöglicht nicht nur, Ausschlüsse und gesellschaftliche Machtverhältnisse freizulegen, sondern sie leistet vor allem auch eine Kritik der Kritik, indem sie kontinuierlich und konsequent den kritischen Fokus auf emanzipatorische Theorien und Praktiken selbst richtet. Aufgrund dieser Reflexivität von Intersektionalitätsanalysen, die intersektionale Ausschlüsse und Machteffekte in ihrem eigenen Forschungsfeld in den Blick nehmen, ist die Geschichte der Intersektionalitätstheorien noch lange nicht abgeschlossen. Intersektionalität erscheint vielmehr als ein kritisches Paradigma, das sich selber immer weitertreibt. Das Konzept der Intersektionalität bietet eine Grundlage, um eindimensionale Sichtweisen der kritischen Wissenschaften und sozialen Bewegungen kontinuierlich aufzubrechen und in emanzipatorischer Absicht sowie im Hinblick auf transnationale Gerechtigkeit zu transformieren.

Danksagung

Für wertvolle Kommentare und Anregungen zum Text danke ich Ariane Bürgin, Barbara von Reibnitz, Anika Thym und Teilnehmenden des Graduiertenkollegs Gender Studies der Universität Basel. Stephanie Ehret danke ich für ihre große Unterstützung bei der Fertigstellung des Buchmanuskripts.

Anhang

Anmerkungen

1 Dieser Einführungsband kann auf ein reichhaltiges Korpus an Texten zum Intersektionalitätskonzept zurückgreifen. Neben einzelnen Monografien (Winker/Degele 2009) gibt es im deutschen Sprachraum mittlerweile viele Sammelbände (Walgenbach et al. 2007; Klinger/Knapp 2008; Klinger/Knapp/Sauer 2009; Hess et al. 2011; Kallenberg et al. 2013; Lutz et al. 2013; Bereswill et al. 2015) sowie eine eigene Internetplattform http://portal-intersektionalitaet.de). Im englischen Sprachraum gibt es eigenständige Buchreihen und Journals, die dem Intersektionalitätskonzept gewidmet sind. In jüngster Zeit sind zudem wichtige Monografien zur Intersektionalität erschienen (May 2015; Collins/Bilge 2016; Hancock 2016).

2 In den USA wurde der Begriff der Ethnizität in den 1920er Jahren eingeführt, um die biologistische Bedeutung von Race zugunsten von kulturellen Erklärungsansätzen zu relativieren. Der Begriff wurde bis in die 1960er Jahre zunehmend zu einem Synonym für ein nichtbiologisches Verständnis von Race; vgl. dazu Lutz 2001: 224. Allerdings ist auch Ethnizität als Begriff nicht davor gefeit, zu einem Instrument des Othering zu werden, bei dem eine Gruppe von minderwertigen ›Anderen‹ konstruiert und die eigene Position dadurch hegemonial bestätigt wird; vgl. dazu Anthias/Yuval-Davis 1992.

3 Uneinheitlich ist in Texten zur Intersektionalität auch die Groß- und Kleinschreibung von schwarz und weiß respektive black and white. Die soziale Zuordnung des Schwarz-Seins, für die es, genauso wie für die Zuordnung als weiß, keine biologisch objektiven und einheitlichen Grundlagen gibt, kann politisch und emanzipatorisch verwendet werden, wie es die Selbstbezeichnungen Black Women und Black Feminism zum Ausdruck bringen. Um diesen politischen Sinn zu betonen, wird Schwarz und Black in vielen Texten groß geschrieben. Auch die Identitätskategorie Weiß wird teilweise groß geschrieben, um die soziale Konstruiertheit von Weiß-Sein zu betonen. Manche Texte

wiederum schreiben weiß klein, da weiß als politischer Begriff der Selbstbezeichnung nicht in analoger Weise wie schwarz funktioniert. Wenn sich ein Individuum oder eine Gruppe als weiß bezeichnet, kann das als hegemoniale Selbstkritik gedeutet werden (Dietze 2008), die die versteckte hegemoniale Norm des Weiß-Seins deutlich macht. Diese hegemoniekritische Absicht muss aber nicht impliziert sein, sondern die Selbstbezeichnung als weiß kann je nach Kontext auch eine rassistische Suprematie des Weiß-Seins beanspruchen. Dieser Band übernimmt grundsätzlich die Schreibweise der zitierten Literatur. Ansonsten wird Schwarz groß geschrieben, wenn er Ausdruck einer politisch-emanzipatorischen Selbstbezeichnung ist, und klein, insofern dieser Anspruch fehlt. Weiß wird grundsätzlich klein geschrieben, um die hegemoniale Position des Weiß-Seins durch Großschreibung nicht zu verstärken.

4 Im deutschen Wort Geschlecht lassen sich vier Bedeutungsebenen analytisch unterscheiden: Geschlecht bezeichnet das biologische Geschlecht, das heißt den Geschlechtskörper (englisch *sex*), das soziale Geschlecht, das heißt die gesellschaftliche Geschlechterrolle und -norm (englisch *gender*), das psychische Geschlecht, das heißt die individuell empfundene Geschlechtsidentität, und schließlich den sozialen Geschlechtskörper, das heißt die individuelle Verkörperung sozialer Geschlechternormen (Maihofer 1995, 2002).

5 Zur Beschreibung intersektionaler Phänomene und Perspektiven werden in der Literatur sowohl die Adjektive ›intersektional‹ als auch ›intersektionell‹ verwendet. Dieser Band übernimmt jeweils die Schreibweise der zitierten Literatur, benützt ansonsten die Schreibweise intersektional.

6 Beispielhaft für diese Position erscheint jene von Joanne Conaghan (2009). Conaghan erinnert an den marxistischen Feminismus der 1960er und 1970er Jahre und meint, dieser sei zu großen Teilen ein Projekt zur Erforschung von Intersektionalität gewesen, da er den Zusammenhang von Klasse und Geschlecht ins Zentrum gestellt habe (2009: 32). Sie weist darauf hin, dass der sozialistische, materialistische Feminismus diesem Zusammenhang gegenüber, was wir heute als ›intersectional issue‹ bezeichnen, sehr aufmerksam gewesen sei, das heißt gegenüber dem Verhältnis von Klasse und Gender (ebd.: 33). In dieser Darstellung wird allerdings ausgeblendet, dass Inter-

sektionalitätsanalysen im Schwarzen Feminismus entstanden sind, um den ignoranten Umgang mit Race im weißen (sozialistischen) Feminismus zu entlarven.

7 Vgl. dazu www.adefra.de; das Kürzel ADEFRA steht für afrodeutsche Frauen.

8 Baader konstatiert aber auch selbstkritisch, dass es dem Kreis der jüdischen Frauen nicht gelungen sei, ihre eigenen Privilegien als weiße und deutsche Frauen zu erkennen. So sei es auch nicht möglich gewesen, dass sich zwischen afrodeutschen und jüdischen Gruppen, die sich zur gleichen Zeit organisiert hätten, eine Zusammenarbeit entwickelte, da die Furcht vor wechselseitigen Verletzungen beide auf vorsichtiger Distanz zueinander gehalten und ein Konzept für Bündnisse gefehlt habe (Baader 1999: 89).

9 In der Schweiz bildeten sich Ende der 1980er Jahre wie in Deutschland erste Initiativen zur Selbstorganisation Schwarzer Frauen. Auch diese Initiativen waren maßgeblich durch die persönlichen Begegnungen mit Audre Lorde geprägt, die sich 1988 in der Schweiz auf Lesereise befand (Berlowitz/Meierhofer-Mangeli 2013: 44 f.). Seit Anfang der 1990er Jahre fanden in der Schweiz regelmäßige Workshops und Tagungen zum Thema Rassismus und Feminismus statt. 1993 wurde in Zürich der Treffpunkt Schwarzer Frauen gegründet. Die feministische Zeitschrift *Olympe* widmete ihre Dezember-Ausgabe von 1995 dem Thema »Wir leben hier. Frauen in der Fremde«. Die Interventionen von Schwarzen Frauen und Migrantinnen in der Schweiz konzentrierten sich primär auf die aktuelle Migrationspolitik und die Lebenssituation von Migrantinnen in der Schweiz, wobei die globale Kolonialgeschichte ein wichtiger Erklärungs- und Beschreibungsfaktor für die Situation der Betroffenen war. Die Auseinandersetzung mit dem Schweizer ›Kolonialismus ohne Kolonien‹ ist in der Schweiz erst im Entstehen begriffen (vgl. dazu Purtschert et al. 2013 und Purtschert/Fischer-Tiné (Hgg.) 2015).

10 In der deutschen Ausgabe (Crenshaw 2013) wird der Text nicht integral abgedruckt, und wichtige Argumente und Bilder, die Crenshaws Kritik am herrschenden Diskriminierungskonzept verdeutlichen, fehlen.

11 Dieses Argument ist vergleichbar mit der Argumentation von Simone de Beauvoir, auch wenn Crenshaw diesen Vergleich nicht zieht.

In *Das andere Geschlecht* rekonstruiert Beauvoir eine analoge Logik von Gleichheit und Differenz im kategorialen Verhältnis von Mann und Frau, wenn sie schreibt: »Sie [die Frau] wird bestimmt und unterschieden mit Bezug auf den Mann, dieser aber nicht mit Bezug auf sie; sie ist das Unwesentliche angesichts des Wesentlichen. Er ist das Subjekt, er ist das Absolute; sie ist das Andere.« (Beauvoir 1968: 11)

12 Crenshaw macht das mit einem Bild anschaulich, das in der deutschen Übersetzung (Crenshaw 2013) fehlt: »Imagine a basement which contains all people who are disadvantaged on the basis of race, sex, class, sexual preference, age and/or physical ability. These people are stacked – feet standing on shoulders – with those on the bottom being disadvantaged by the full array of factors, up to the very top, where the heads of all those disadvantaged by a singular factor brush up against the ceiling. [...] In efforts to correct some aspects of domination, those above the ceiling admit from the basement only those who can say that ›but for‹ the ceiling, they too would be in the upper room.« (Crenshaw 1998: 324)

13 Ansätze für eine Intersektionalitätsperspektive auf Frauenrechte finden sich im *Übereinkommen zur Beseitigung jeder Form von Diskriminierung der Frau* (CEDAW) von 1979 und in der Deklaration der vierten UN-Weltfrauenkonferenz von 1995 in Peking. Ein Ausdruck von Intersektionalitätsansätzen *avant la lettre* sind auch Forschungen, die im Rahmen von DAWN, einem 1984 gegründeten entwicklungspolitischen Zusammenschluss von Feministinnen aus dem globalen Süden, vorgelegt wurden. In diesen Arbeiten wurde eine eindimensionale feministische Perspektive auf Ökonomie und Geschlechterverhältnisse zurückgewiesen und die Differenz zwischen Frauen thematisiert (Kerner 2016: 164).

14 Bereits in den 1970er Jahren etablierten sich an US-amerikanischen Universitäten, zum Beispiel an der University of California in Berkeley, Kurse und Programme mit einer intersektionalitätsbezogenen Perspektive. Nach Collins/Bilge 2016: 73 waren diese Programme vor allem für die Entwicklung des asiatisch-amerikanischen Feminismus wichtig.

15 Cornelia Möser 2013 verweist auf die Parallelen dieser Diskussion mit der Kritik an der Institutionalisierung von Gender Studies in den 1990er Jahren (Möser 2013: 42–44).

16 Die kontextabhängigen Erweiterungen und Bedeutungsverschiebungen von Identitätskategorien illustrieren etwa jüngere Intersektionalitätsanalysen in Kontexten zu Afrika und der Diaspora (Abidogun/Recker (Hgg.) 2015).

17 Collins/Bilge 2016: 206 zählen aufgrund einer Datenbank-Recherche folgende Forschungsfelder auf, in denen Dissertationen mit einem intersektionalen Analyserahmen geschrieben wurden: »queer/trans of color theory, critical disability studies, critical native studies, queer diaspora/migration studies, critical ethnic studies, transformative justice, reproductive justice, critical prison studies, intimate partner violence, ecological disasters, human rights, juvenile delinquency, restorative and transformative justice, globalized labor markets, media representations, digital and social media, choice, agency and political resistance, critical pedagogy, social chance, identities«.

18 Insofern lassen sich Theorieströme wie die Critical Whiteness Studies, die sich den rassistischen, weißen Privilegien widmen, auch zur Intersektionalitätstheorie zählen (Frankenberg 1996; Walgenbach 2005; dazu Gutiérrez Rodríguez 2001: 52), ebenso wie die Ansätze der Hegemonieselbstkritik, die nicht nur auf Weiß-Sein, sondern auch auf Männlichkeit, Klasse und Heterosexualität bezogen sind (Dietze 2008).

19 Kathy Davis verbindet diesen Fokus auf agency mit dem europäischen Strang der Intersektionalitätsforschung (Davis 2008: 27). Diese Zuordnung leuchtet nicht ein, wie gerade die Texte von Crenshaw (1991) beweisen, in denen es zentral darum geht, aus der spezifisch intersektionalen Position von Women of color politische Handlungsmächtigkeit zu gewinnen.

20 Im *Postscript* von 2011 spricht Crenshaw davon, dass es ihr nie darum gegangen sei, eine »overarching theory of oppression« (Crenshaw 2011b: 222) zu entwickeln. Ihr Anliegen sei vielmehr gewesen, »to use intersectionality as a prism for examining a host of issues, conditions, policies and rhetorics« (Crenshaw 2011b: 222).

21 Cornelia Möser unterscheidet drei verschiedene Narrative, die das Verhältnis von Intersektionalitätstheorien zu triple-oppression-An-

sätzen darstellen: als Fortführung des Gleichen unter anderer Bezeichnung, als radikaler Gegensatz und als Weiterentwicklung. Möser sieht darin Analogien zu den verschiedenen Weisen, in denen sich Gender Studies zu Women's Studies positioniert haben (Möser 2013: 44). Diese Einschätzung lässt sich an vielen Texten belegen. So zählt Hancock (2016: 61) Frances Beals Ansatz der »double jeopardy« zu einer der historischen Grundlagen für das ontologische Projekt der Intersektionalitätstheorie, während Lutz et al. (2013: 11) Frances Beals Ansatz als additives Unterdrückungsmodell und damit als Abstoßungspunkt für das Konzept der intersektionalen Verschränkung von Macht bezeichnen.

22 Solche Vorstellungen finden sich etwa in radikalfeministischen Theorien, die die vergeschlechtlichte Arbeitsteilung und die Ausbeutung weiblicher Sexualität als grundlegende Herrschaftsformen definieren, die alle weiteren Unterdrückungen nach ›Rasse‹ und Klasse begründen.

23 Auch Joanne Conaghan betont, dass es ungenügend ist, Intersektionalität in der räumlichen Logik einer Karte oder eines Rasters darzustellen. Sie kritisiert aber, dass Collins' Konzept der Matrix zu stark auf das Systemganze fokussiere, und propagiert stattdessen den Begriff der Regimes. Demnach spricht sie von Regimes von »race, class, gender, heterosexuality« (Conaghan 2009: 41) oder von »inequality regimes« allgemein (ebd. 42).

24 Gabriele Dietze referiert in der Analyse der Verschränkung von Gender- und Race-Emanzipationsdiskursen auf das Konzept der »wechselseitigen Artikulation« (2013: 21, 35–37) im Anschluss an Stuart Hall. Sie ist zugleich Mitherausgeberin des Sammelbandes *Gender als interdependente Kategorie* (Walgenbach et al. 2007).

25 Demirović/Maihofer beziehen sich in ihrer Analyse auf das Verständnis von Artikulation in der Tradition von Louis Althusser, das mit jenem von Hall nicht identisch ist (Demirović/Maihofer 2013: 37).

26 Diese Erklärung kann die in der Forschung als Problem erkannte Spannung auflösen, wonach Foucault das Verhältnis zwischen den drei Machttypen der Souveränität, Disziplin und Regierung sowohl als synchrones Dreieck als auch als diachrone Abfolge darstellt; vgl. dazu Foucault 2004a: 161–165.

27 Interessant ist in diesem Zusammenhang der Hinweis von Ute Frietsch, die zeigt, dass Genus und Species im 19. Jahrhundert mit Geschlecht und Rasse konnotiert wurden und zugleich Begriffe waren, um Kategorien zu bezeichnen; es gab demnach ›Begriffsgeschlechter‹ (Frietsch 2002: 164).

28 Eine andere Systematik schlägt Ina Kerner vor, die in Bezug auf die Intersektionen von Rassismus und Sexismus zwischen einer epistemischen, institutionellen und personalen Machtdimension unterscheidet (Kerner 2009). Collins und Bilge wiederum schlagen vor, die intersektionale Organisation von Macht nach vier Bereichen zu unterscheiden: »interpersonal, disciplinary, cultural, and structural« (Collins/Bilge 2016: 7–25).

29 In einem Text von 1995 schlägt Patricia Hill Collins vor, den Begriff der Intersektionalität für Analysen auf der Mikroebene zu reservieren und auf der Makroebene das Konzept der »interlocking systems of oppression« zu verwenden (Collins et al. 2002: 82). Collins selber führt diesen terminologischen Vorschlag in der Folge aber nicht konsequent weiter, vgl. etwa Collins 2012: 21: »As opposed to examining gender, race, class, and nation, as separate systems of oppression, intersectionality explores how these systems mutually construct one another, or, in the words of Black British sociologist Stuart Hall, how they ›articulate‹ with one another.«

30 Beispielhaft zeigt etwa Serene J. Khader an der Analyse von Leihmutterschaft in Indien, dass Diskriminierungseffekte, denen Frauen im globalen Süden ausgesetzt sind, nicht einfach eine ›Intensivierung‹ der Diskriminierungserfahrungen von Frauen in den USA sind, sondern neben spezifischen Unterdrückungs- auch spezifische Ermächtigungseffekte beinhalten (Khader 2013).

31 Um Bührmanns Argument zu entkräften, das Forschungsfeld der Intersektionalität sei nicht klar umrissen und habe keine klare Forschungsrichtung, verweist Walgenbach auf den »allgemeinen Konsens« im Sammelband *Fokus Intersektionalität* (Lutz et al. 2013), der darin besteht, »die eigene Theorietradition in den politisch-theoretischen Differenzdebatten innerhalb der Geschlechterforschung bzw. Frauenbewegungen zu sehen« (Walgenbach 2013: 266). Diese These klammert aber aus, dass Crenshaws Beitrag zur Intersektionalitätsforschung auch

im Kontext der Critical Race Studies entsteht und nicht einseitig den Women's und Gender Studies zugeordnet werden kann.

32 Eine nochmals andere Kategorienliste präsentiert Jeff Hearn. In einem Aufsatz über das Konzept der Intersektionalität in der Männlichkeitsforschung bezieht er sich auf den Ansatz von Fiona Williams, die schon Ende der 1980er Jahre die Kategorien Alter, Behinderung und Sexualität in ihre Forschung zur britischen Sozialpolitik integriert hat, um »aus den ›großen Drei‹ die ›großen Sechs‹ zu machen« (Hearn 2013: 115). Hearn selber expliziert am Beispiel der Männlichkeitsforschung, inwiefern auch der Einbezug von Virtualität und Transnationalität als strukturelle Analysekategorien wichtig ist, um die »Hegemonie von Männern« (Hearn 2013: 121) in ihrer intersektionalen Vielfalt und Verflechtung zu erkennen.

Literatur

Abidogun, Jamaine M./Recker, Sterling (Hgg.) (2021): *Africa and the Diaspora. Intersectionality and Interconnections*, Palgrave Macmillan, S. 1–20.

Aktaş, Gülşen (1999): »›Türkische Frauen sind wie ein Schatten‹. Leben und Arbeiten im Frauenhaus«, in: *Entfernte Verbindungen. Rassismus, Antisemitismus, Klassenunterdrückung*, hrsg v. Ika Hügel, Chris Lange u. a., Berlin: Orlanda Frauenverlag, S. 49–60.

Anthias, Floya (1998): »Rethinking Social Divisions: some notes towards a theoretical framework«, in: *Sociological Review* 46:3, S. 505–535.

Anthias, Floya/Yuval-Davis, Nira (1983): »Contextualizing Feminism: Gender, Ethnic and Class Divisions«, in: *Feminist Review* 15, S. 62–75.

Anthias, Floya/Yuval-Davis, Nira (1992): *Racialized Boundaries: Race, Nation, Gender, Colour and Class in the Anti-Racist Struggle*, London: Routledge.

Anzaldúa, Gloria (1987): *Borderlands/La Frontera. The New Mestiza*, San Francisco: Aunt Lute Books.

Aulenbacher, Brigitte (2013): »Intersektionalität, Kapitalismus und die ›Archäologie der europäischen Moderne‹. Zum Umkreisen und Füllen einer Leerstelle«, in: *Erwägen Wissen Ethik (EWE)* 24:3, S. 354–356.

Baader, Maria (1999): »Zum Abschied. Über den Versuch, als jüdische Feministin in der Berliner Frauenszene einen Platz zu finden«, in: *Entfernte Verbindungen. Rassismus, Antisemitismus, Klassenunterdrückung*, hrsg. v. Ika Hügel, Chris Lange u. a., Berlin: Orlanda Frauenverlag, S. 82–94.

Beauvoir, Simone de (1968): *Das andere Geschlecht. Sitte und Sexus der Frau*, Reinbek b. Hamburg: Rowohlt.

Becker-Schmidt, Regina (2007): »›Class‹, ›gender‹, ›ethnicity‹, ›race‹: Logiken der Differenzsetzung, Verschränkungen von Ungleichheitslagen und gesellschaftliche Strukturierung«, in: *Achsen der Ungleichheit. Zum Verhältnis von Klasse, Geschlecht und Ethnizität*, hrsg. v. Cornelia Klinger, Gudrun-Axeli Knapp und Birgit Sauer, Frankfurt/Main/New York: Campus, S. 56–83.

Becker-Schmidt, Regina et al. (1981): »Frauenarbeit in der Fabrik – Betriebliche Sozialisation als Lernprozess? Über die subjektive Bedeutung der Fabrikarbeit im Kontrast zur Hausarbeit«, in: *Gesellschaft. Beiträge zur Marxschen Theorie* 14, Frankfurt/Main: Suhrkamp, S. 52–75.

Beer, Ursula (1983): »Marxismus in Theorien der Frauenarbeit. Plädoyer für eine Erweiterung der Reproduktionsanalyse«, in: *Feministische Studien* 2, S. 136–146.

Beer, Ursula (1984): *Theorien geschlechtlicher Arbeitsteilung*, Frankfurt/Main/New York: Campus.

Bereswill, Mechthild/Degenring, Folkert/Stange, Sabine (Hgg.) (2015): *Intersektionalität und Forschungspraxis – wechselseitige Herausforderungen*, Münster: Westfälisches Dampfboot.

Berlowitz, Shelley/Meierhofer-Mangeli, Zeedah (2013): »Die Geschichte des Treffpunkts Schwarzer Frauen«, in: *Terra incognita? Der Treffpunkt Schwarzer Frauen in Zürich*, hrsg. v. Shelley Berlowitz et al., Zürich: Limmat, S. 42–90.

Biele Mefebue, Astrid/Bührmann, Andrea/Grenz, Sabine (Hgg.) (2022): *Handbuch Intersektionalitätsforschung*, Wiesbaden: Springer VS.

Bilge, Sirma (2013): »Intersectionality Undone. Saving Intersectionality from Feminist Intersectionality Studies«, in: *Du Bois Review* 10, S. 405–424.

Bilge, Sirma (2014a): »Whitening Intersectionality. Evanescence of Race in Intersectionality Scholarship«, in: *Racism and Sociology*, hrsg. v. W. D. Hund und A. Lentin, Berlin: Lit Verlag/Routledge, S. 175–205.

Bilge, Sirma (2014b): »La pertinence de Hall pour l'étude de l'intersectionnalité«, in: *Nouvelles pratiques sociales* 26:2, S. 62–81.

Bohrer, Ashley J. (2019): *Marxism and Intersectionality. Race, Gender, Class and Sexuality under Contemporary Capitalism*, Bielefeld: transcript.

Brah, Avtar (1996): »Die Neugestaltung Europas. Geschlechtsspezifisch konstruierte Rassismen, Ethnizitäten und Nationalismen in Westeuropa heute«, in: *Rassismen & Feminismen. Differenzen, Machtverhältnisse und Solidarität zwischen Frauen*, hrsg. v. Brigitte Fuchs und Gabriele Habinger, Wien: Promedia, S. 24–50.

Brown, Wendy/Scott, Joan W. (2014): »Power«, in: *Critical Terms for the Study of Gender*, hrsg. v. Catharine R. Stimpson und Gilbert Herdt, Chicago: University of Chicago Press, S. 335–357.

Büchler, Andrea/Cottier, Michelle (2012): *Legal Gender Studies. Rechtliche Geschlechterstudien. Eine kommentierte Quellensammlung*, Zürich/St. Gallen: Dike.

Bührmann, Andrea D. (2009): »Intersectionality – ein Forschungsfeld auf dem Weg zum Paradigma? Tendenzen, Herausforderungen und Perspektiven der Forschung über Intersektionalität«, in: *Gender. Zeitschrift für Geschlecht, Kultur und Gesellschaft* 2, S. 28–44.

Butler, Judith (1991): *Vom Unbehagen der Geschlechter*, Frankfurt/Main: Suhrkamp.

Butler, Judith (2001): *Psyche der Macht. Das Subjekt der Unterwerfung*, Frankfurt/Main: Suhrkamp.

Butler, Judith (2005): *Gefährdetes Leben. Politische Essays*, Frankfurt/Main: Suhrkamp.

Butler, Judith (2009): *Die Macht der Geschlechternormen und die Grenzen des Menschlichen*, Frankfurt/Main: Suhrkamp.

Chakrabarty, Dipesh (2010): *Europa als Provinz. Perspektiven postkolonialer Geschichtsschreibung*, Frankfurt/Main/New York: Campus.

Cho, Sumi/Crenshaw, Kimberlé/McCall, Leslie (2013): »Towards a Field of Intersectionality Studies: Theories, Applications, and Praxis«, in: *Signs. Journal of Women in Culture and Society* 6, 38:4, S. 785–810.

Cohen, Cathy J. (2005): »Punks, Bulldaggers, and Welfare Queens: The Radical Potential of Queer Politics?«, in: *Black Queer Studies. A Critical Anthology*, hrsg. v. E. Patrick Johnson und Mae G. Henderson, Durham/London: Duke University Press, S. 21–51.

Collins, Patricia Hill (2000): *Black Feminist Thought: Knowledge, Consciousness, and the Politics of Empowerment*, 2. Edition, New York/London: Routledge.

Collins, Patricia Hill (2003): »Some Group Matters. Intersectionality, Situated Standpoints, and Black Feminist Thought«, in: *A Companion to African-American Philosophy*, hrsg. v. Tommy L. Lott und John P. Pittman, Malden: Blackwell, S. 205–229.

Collins, Patricia Hill (2012): »It's All in the Family. Intersections of Gender, Race, and Nation [1998]«, in: *The Philosophy of Race. Critical Con-*

cepts in Philosophy, hrsg. v. Paul C. Taylor, 4 Bde., London/New York: Routledge, Bd. 4, S. 20–39.

Collins, Patricia Hill (2017): »Intersectionality and Epistemic Injustice«, in: *The Routledge Handbook of Epistemic Injustice*, hrsg. v. Ian James Kidd, José Medina und Gaile Pohlhaus Jr., London/New York: Routledge, S. 115–124.

Collins, Patricia Hill/Bilge, Sirma (2016): *Intersectionality*, Cambridge: Polity Press.

Collins, Patricia Hill/Maldonado, Lionel A./Takagi, Dana Y./Thorne, Barrie/Weber, Lynn/Winant, Howard (2002): »Symposium on West and Fenstermaker's ›Doing Difference‹«, in: *Doing Gender, Doing Difference*, hrsg. v. Sarah Fenstermaker und Candace West, New York: Routledge, S. 81–94.

Combahee River Collective (2006): »A Black Feminist Statement«, in: *Theorizing Feminisms. A Reader*, hrsg. v. Elizabeth Hackett und Sally Haslanger, New York/Oxford: Oxford University Press, S. 412–418.

Conaghan, Joanne (2009): »Intersectionality and the Feminist Project in Law«, in: *Intersectionality and Beyond: Law, Power and the Politics of Location*, hrsg. v. Emily Grabham, Abingdon: Routledge-Cavendish, S. 21–48.

Connell, Robert W. (2000): *Der gemachte Mann. Konstruktion und Krise der Männlichkeit*, Opladen: Leske + Budrich.

Cramon-Daiber, Birgit (1984): *Schwesternstreit. Von den heimlichen und unheimlichen Auseinandersetzungen zwischen Frauen*, Reinbek bei Hamburg: Rowohlt.

Crenshaw, Kimberlé W. (1991): »Mapping the Margins. Intersectionality, Identity Politics, and Violence against Women of Color«, in: *Stanford Law Review* 43, S. 1241–1299.

Crenshaw, Kimberlé W. (1998) [1989]: »Demarginalizing the Intersection of Race and Sex. A Black Feminist Critique of Antidiscrimination Doctrine, Feminist Theory and Antiracist Politics«, in: *Feminism and Politics*, hrsg. v. Anne Phillips, Oxford: Oxford University Press, S. 314–343.

Crenshaw, Kimberlé W. (2011a): »The Curious Resurrection of First Wave Feminism in the U.S. Elections. An Intersectional Critique of the Rhetoric of Solidarity and Betrayal«, in: *Sexuality, Gender and Power. In-*

tersectional and Transnational Perspectives, hrsg. v. Anna G. Jónasdóttir u.a., New York: Routledge, S. 227–242.

Crenshaw, Kimberlé W. (2011b): »Postscript«, in: *Framing Intersectionality. Debates on a Multi-faceted Concept in Gender Studies*, hrsg. v. Helma Lutz, Maria Teresa Herrera Vivar und Linda Supik, Farnham: Ashgate, S. 221–233.

Crenshaw, Kimberlé W. (2013): »Die Intersektion von ›Rasse‹ und Geschlecht demarginalisieren. Eine Schwarze feministische Kritik am Antidiskriminierungsrecht, der feministischen Theorie und der antirassistischen Politik«, in: *Fokus Intersektionalität. Bewegungen und Verortungen eines vielschichtigen Konzepts*, hrsg. v. Helma Lutz, Maria Teresa Herrera Vivar und Linda Supik, 2. Aufl., Wiesbaden: VS, S. 35–58.

Davis, Angela (1982): *Rassismus und Sexismus. Schwarze Frauen und Klassenkampf in den USA*, Berlin: Elefantenpress.

Davis, Angela (1988): »Reflections on the Black Woman's Role in the Community of Slaves«, in: *The Angela Y. Davis Reader*, hrsg. v. Joy James, Malden: Blackwell Publishing, S. 111–128.

Davis, Kathy (2008): »Intersectionality in Transatlantic Perspective«, in: *Überkreuzungen. Fremdheit, Ungleichheit, Differenz*, hrsg. v. Cornelia Klinger und Gudrun-Axeli Knapp, Münster: Westfälisches Dampfboot, S. 19–37.

Davis, Kathy (2013): »Intersektionalität als ›Buzzword‹. Eine wissenschaftssoziologische Perspektive auf die Frage: ›Was macht eine feministische Theorie erfolgreich?‹«, in: *Fokus Intersektionalität. Bewegungen und Verortungen eines vielschichtigen Konzepts*, hrsg. v. Helma Lutz, Maria Teresa Herrera Vivar und Linda Supik, 2. Aufl., Wiesbaden: VS, S. 59–73.

Demirović, Alex/Maihofer, Andrea (2013): »Vielfachkrise und die Krise der Geschlechterverhältnisse«, in: *Krise, Kritik, Allianzen. Arbeits- und geschlechtersoziologische Perspektiven*, hrsg. v. Hildegard M. Nickel und Andreas Heilmann, Weinheim/Basel: Beltz/Juventa, S. 30–48.

Dietze, Gabriele (2001): »Race Class Gender. Differenzen und Interdependenzen am Amerikanischen Beispiel«, in: *Die Philosophin* 12:23, S. 30–49.

Dietze, Gabriele (2008): »Intersektionalität und Hegemonie(selbst-)kritik«, in: Wolfgang Gippert (Hg.): *Transkulturalität. Gender und bildungshistorische Perspektiven*, Bielefeld: transcript, S. 27–45.

Dietze, Gabriele (2011): »›Against-Type-Casting‹ Migration – Casting Shows und kulturelle Vielfalt«, in: *Intersektionalität und Kulturindustrie. Zum Verhältnis sozialer Kategorien und kultureller Repräsentation*, hrsg. v. Katharina Knüttel u.a., Bielefeld: transcript, S. 163–185.

Dietze, Gabriele (2013): *Weiße Frauen in Bewegung. Genealogien und Konkurrenzen von Race- und Genderpolitiken*, Bielefeld: transcript.

Dietze, Gabriele/Hornscheidt, Antje/Palm, Kerstin/Walgenbach, Katharina (2007a): »Einleitung«, in: *Gender als interdependente Kategorie. Neue Perspektiven auf Intersektionalität, Diversität und Heterogenität*, hrsg. v. Katharina Walgenbach, Gabriele Dietze, Antje Hornscheidt und Kerstin Palm, Opladen: Barbara Budrich, S. 7–22.

Dietze, Gabriele/Haschemi Yekani, Elahe/Michaelis, Beatrice (2007b): »Checks and Balances. Zum Verhältnis von Intersektionalität und Queer Theory«, in: *Gender als interdependente Kategorie. Neue Perspektiven auf Intersektionalität, Diversität und Heterogenität*, hrsg. v. Katharina Walgenbach, Gabriele Dietze, Antje Hornscheidt und Kerstin Palm, Opladen und Farmington Hills: Barbara Budrich, S. 107–139.

Dill, Bonnie Thornton (2009): »Intersections, Identities, and Inequalities in Higher Education«, in: *Emerging Intersections. Race, Class, and Gender in Theory, Policy, and Practice*, hrsg. v. Thornton B. Dill und Ruth Enid Zambrana, New Brunswick: Rutgers University Press, S. 229–252.

Dorlin, Elsa (Hg.) (2009): *Sexe, race, classe. Pour une épistémologie de la domination*, Paris: PUF.

Erel, Umut/Haritaworn, Jinthana/Gutiérrez Rodríguez, Encarnación/Klesse, Christian (2007): »Intersektionalität oder Simultaneität? – Zur Verschränkung und Gleichzeitigkeit mehrfacher Machtverhältnisse – eine Einführung«, in: *Heteronormativität. Empirische Studien zu Geschlecht, Sexualität und Macht*, hrsg. v. Jutta Hartmann, Christian Klesse, Peter Wagenknecht, Bettina Fritzsche und Kristina Hackmann, S. 239–250.

Erel, Umut/Haritaworn, Jinthana/Gutiérrez Rodríguez, Encarnación/Klesse, Christian (2011): »On the Depoliticisation of Intersectionality Talk. Conceptualising Multiple Oppressions in Critical Sexuality Studies«, in: *Theorizing Intersectionality and Sexuality*, hrsg. v. Yvette Taylor, Sally Hines und Mark E. Casey, Hampshire: Palgrave Macmillan, S. 56–77.

Fanon, Frantz (1985): *Schwarze Haut, weiße Masken*, Frankfurt/Main: Suhrkamp.

FeMigra (1994): »Wir, die Seiltänzerinnen. Politische Strategien von Migrantinnen gegen Ethnisierung und Assimilation«, in: *Gender Killer. Texte zu Feminismus und Kritik*, hrsg. v. Cornelia Eichhorn und Sabine Grimm, Berlin/Amsterdam: Edition ID-Archiv, S. 49–63.

Ferree, Myra Marx (2013a): »Die diskursiven Politiken feministischer Intersektionalität«, in: *Fokus Intersektionalität. Bewegungen und Verortungen eines vielschichtigen Konzepts*, hrsg. v. Helma Lutz, Maria Teresa Herrera Vivar und Linda Supik, Wiesbaden: VS, S. 75–89.

Ferree, Myra Marx (2013b): »On the locally situated and historical understanding of intersectionalities. Comment on Knapp«, in: *Erwägen Wissen Ethik (EWE)* 24:3, S. 378–381.

Foucault, Michel (1983): *Sexualität und Wahrheit 1. Der Wille zum Wissen*, Frankfurt/Main: Suhrkamp.

Foucault, Michel (2001): *In Verteidigung der Gesellschaft. Vorlesungen am Collège de France*, Frankfurt/Main: Suhrkamp.

Foucault, Michel (2004a): *Geschichte der Gouvernementalität. Bd. I: Sicherheit, Territorium, Bevölkerung. Vorlesung am Collège de France 1977-1978*, hrsg. v. Michel Sennelart, Frankfurt/Main: Suhrkamp.

Foucault, Michel (2004b): *Geschichte der Gouvernementalität. Bd. II: Die Geburt der Biopolitik. Vorlesung am Collège de France 1978-1979*, hrsg. v. Michel Sennelart, Frankfurt/Main: Suhrkamp.

Foucault, Michel (2005): *Subjekt und Macht*, in: Ders.: *Dits et Ecrits. Schriften*, Bd. IV, hrsg. v. Daniel Defert und François Ewald, Frankfurt/Main: Suhrkamp, S. 269–294.

Frankenberg, Ruth (1996): »Weiße Frauen, Feminismus und die Herausforderung des Antirassismus«, in: *Rassismen & Feminismen. Differenzen, Machtverhältnisse und Solidarität zwischen Frauen*, hrsg. v. Brigitte Fuchs und Gabriele Habinger, Wien: Promedia, S. 51–66.

Fraser, Nancy (2003): »Soziale Gerechtigkeit im Zeitalter der Identitätspolitik. Umverteilung, Anerkennung und Beteiligung«, in: *Umverteilung oder Anerkennung? Eine politisch-philosophische Kontroverse*, hrsg. v. Nancy Fraser und Axel Honneth, Frankfurt/Main: Suhrkamp, S. 13–128.

Fraser, Nancy (2005): »Mapping the Feminist Imagination. From Redistribution to Recognition to Representation«, in: *Constellations* 12:3, S. 295–307.

Frietsch, Ute (2002): »Wonach der Mensch geordnet wird: ›Rasse‹, ›Klasse‹, ›Geschlecht‹«, in: Dies.: *Die Abwesenheit des Weiblichen. Epistemologie und Geschlecht von Michel Foucault zu Evelyn Fox Keller*, Frankfurt/M.: Campus, S. 160–182.

Grillo, Trina (2006): »Anti-Essentialism and Intersectionality. Tools to Dismantle the Master's House«, in: *Theorizing Feminisms. A Reader*, hrsg. v. Elizabeth Hackett und Sally Haslanger, New York/Oxford: Oxford University Press, S. 30–40.

Gümen, Sedef (1998): »Das Soziale des Geschlechts«, in: *Das Argument* 224, 40:1–2, S. 187–202.

Gummich, Judy (2015): »Verflechtungen von Rassismus und Ableism. Anmerkungen zu einem vernachlässigten Diskurs«, in: *Dominanzkultur reloaded. Neue Texte zu gesellschaftlichen Machtverhältnissen und ihren Wechselwirkungen*, hrsg. v. Iman Attia, Swantje Köbsell und Nivedita Prasad, Bielefeld: transcript, S. 143–154.

Gutiérrez Rodríguez, Encarnación (2001): »Grenzen der Performativität. Zur konstitutiven Verschränkung von Ethnizität, Geschlecht, Sexualität und Klasse«, in: *Kultur-Analysen. (Interventionen 10)*, hrsg. v. Jörg Huber, Zürich: Edition Voldemeer, S. 47–67.

Gutiérrez Rodríguez, Encarnación (2011): »Intersektionalität oder: Wie nicht über Rassismus sprechen?«, in: *Intersektionalität revisited. Empirische, theoretische und methodische Erkundungen*, hrsg. v. Sabine Hess, Nikola Langreiter und Elisabeth Timm, Bielefeld: transcript, S. 77–100.

Hancock, Ange-Marie (2015): »When Is Fear for One's Life Race-Gendered? An Intersectional Analysis of the Bureau of Immigration Appeals's in RE-A-R-C-G-Decision«, in: *Fordham Law Review* 83, S. 2977–2998.

Hancock, Ange-Marie (2016): *Intersectionality. An Intellectual History*, New York: Oxford University Press.

Hankivsky, Olena/Cormier, Renee (2011): »Intersectionality and Public Policy. Some Lessons from Existing Models«, in: *Political Research Quarterly* 64:1, S. 217–229.

Hark, Sabine (2005): *Dissidente Partizipation. Eine Diskursgeschichte des Feminismus*, Frankfurt/Main: Suhrkamp.

Hartsock, Nancy E. (1983): *Money, Sex, and Power. Toward a Feminist Historical Materialism*, New York: Northeastern University Press.

Hearn, Jeff (2013): »Vernachlässigte Intersektionalitäten in der Männerforschung. Alter(n), Virtualität, Transnationalität«, in: *Fokus Intersektionalität. Bewegungen und Verortungen eines vielschichtigen Konzepts*, hrsg. v. Helma Lutz, Maria Teresa Herrera Vivar und Linda Supik, Wiesbaden: VS, S. 115–135.

Hess, Sabine/Langreiter, Nikola/Timm, Elisabeth (Hgg.) (2011): *Intersektionalität revisited. Empirische, theoretische und methodische Erkundungen*, Bielefeld: transcript.

Honneth, Axel (1994): *Kampf um Anerkennung. Zur moralischen Grammatik sozialer Konflikte*, Frankfurt/Main: Suhrkamp.

hooks, bell (1982): *Ain't I a Woman: Black Women and Feminism*, London: Pluto Press.

hornscheidt, lann (2013): »akademische entpositionierungen und paradoxe entkomplexisierungen durch intersektionalität«, in: *Erwägen Wissen Ethik (EWE)* 24:3, S. 400–403.

Hügel, Ika/Lange, Chris u. a. (Hgg.) (1999): *Entfernte Verbindungen. Rassismus, Antisemitismus, Klassenunterdrückung*, 2. Aufl., Berlin: Orlanda Frauenverlag.

Kallenberg, Vera/Meyer, Jennifer/Müller, Johanna M. (Hgg.) (2013): *Intersectionality und Kritik: neue Perspektiven für alte Fragen*, Wiesbaden: Springer VS.

Kerner, Ina (2009): *Differenzen und Macht. Zur Anatomie von Rassismus und Sexismus*, Frankfurt/Main/New York: Campus.

Kerner, Ina (2010): »Verhält sich intersektional zu lokal wie postkolonial zu global? Zur Relation von postkolonialen Studien und Intersektionalitätsforschung«, in: *Postkoloniale Soziologie. Theoretische Anschlüsse, empirische Befunde, politische Interventionen*, hrsg. v. Julia Reuter und Paula-Irene Villa, Bielefeld: transcript, S. 237–258.

Kerner, Ina (2016): »Transnationalismus, Geschlecht und Intersektionalität. Bausteine einer Internationalen Feministischen Politischen Theorie«, in: *Internationale Politische Theorie. Eine Einführung*, hrsg. v. Regina Kreide und Andreas Niederberger, Stuttgart/Weimar: Metzler, S. 155–169.

Khader, Serene J. (2013): »Intersectionality and the Ethics of Transnational Commercial Surrogacy«, in: *International Journal of Feminist Approaches to Bioethics*, 6:1, S. 68–90.

Klinger, Cornelia (2003): »Ungleichheit in den Verhältnissen von Klasse, Rasse und Geschlecht«, in: *Achsen der Differenz. Gesellschaftstheorie und feministische Kritik II*, hrsg. v. Gudrun-Axeli Knapp und Angelika Wetterer, Münster: Westfälisches Dampfboot, S. 14–48.

Klinger, Cornelia/Knapp, Gudrun-Axeli (Hgg.) (2008): *ÜberKreuzungen. Fremdheit, Ungleichheit, Differenz*, Münster: Westfälisches Dampfboot.

Klinger, Cornelia/Knapp, Gudrun-Axeli (2007): »Achsen der Ungleichheit – Achsen der Differenz. Verhältnisbestimmungen von Klasse, Geschlecht, ›Rasse‹/Ethnizität«, in: *Achsen der Ungleichheit. Zum Verhältnis von Klasse, Geschlecht und Ethnizität*, hrsg. v. Cornelia Klinger, Gudrun-Axeli Knapp und Birgit Sauer, Frankfurt/New York: Campus, S. 19–41 [zuerst 2005 in: *Transit*, S. 72–95].

Knapp, Gudrun-Axeli (2005): »›Intersectionality‹ – ein neues Paradigma feministischer Theorie? Zur transatlantischen Reise von ›Race, Class, Gender‹«, in: *Feministische Studien* 1, S. 68–81.

Knapp, Gudrun-Axeli (2008a): »Verhältnisbestimmungen. Geschlecht, Klasse, Ethnizität in gesellschaftstheoretischer Perspektive«, in: *ÜberKreuzungen. Fremdheit, Ungleichheit, Differenz*, hrsg. v. Cornelia Klinger und Gudrun-Axeli Knapp, Münster: Westfälisches Dampfboot, S. 138–170.

Knapp, Gudrun-Axeli (2008b): »›Intersectionality‹ – ein neues Paradigma der Geschlechterforschung?«, in: *Was kommt nach der Genderforschung? Zur Zukunft der feministischen Theoriebildung*, hrsg. v. Rita Casale und Barbara Rendtorff, Bielefeld: transcript, S. 33–53.

Knapp, Gudrun-Axeli (2013a): »›Intersectional Invisibility‹. Anknüpfungen und Rückfragen an ein Konzept der Intersektionalitätsforschung«, in: *Fokus Intersektionalität. Bewegungen und Verortungen eines vielschichtigen Konzepts*, hrsg. v. Helma Lutz, Maria Teresa Herrera Vivar und Linda Supik, Wiesbaden: VS, S. 243–264.

Knapp, Gudrun-Axeli (2013b): »Zur Bestimmung und Abgrenzung von ›Intersektionalität‹. Überlegungen zu Interferenzen von ›Geschlecht‹, ›Klasse‹ und anderen Kategorien sozialer Teilung«, in: *Erwägen Wissen Ethik (EWE)* 24:3, S. 341–354.

Kruks, Sonia (2022): »Alterity and Intersectionality: Reflections on Old Age in the Time of COVID-19«, in: *Hypatia* 37, S. 196–209.

Langreiter, Nikola/Timm, Elisabeth (2011): »Intersektionalität als kritisches Werkzeug der Gesellschaftsanalyse. Ein E-Mail-Interview mit

Nina Degele und Gabriele Winker«, in: *Intersektionalität revisited. Empirische, theoretische und methodische Erkundungen*, hrsg. v. Sabine Hess, Nikola Langreiter und Elisabeth Timm, Bielefeld: transcript, S. 55–75.

Lenz, Ilse (2010): »Intersektionalität: Zum Wechselverhältnis von Geschlecht und sozialer Ungleichheit«, in: *Handbuch Frauen- und Geschlechterforschung. Theorie, Methoden und Empirie*, hrsg. v. Ruth Becker und Beate Kortendiek, Wiesbaden: VS, S. 158–165.

Lorde, Audre (1984): »Age, Race, Class, and Sex. Women Redefining Difference«, in: Dies.: *Sister Outsider. Essays and Speeches*, California: The Crossing Press/Freedom, S. 114–123.

Lorde, Audre (1991): »Du kannst nicht das Haus des Herren mit dem Handwerkszeug des Herren abreißen«, in: Lorde, Audre/Rich, Adrienne: *Macht und Sinnlichkeit*, 3. erw. Aufl., Berlin: Orlanda Frauenverlag, S. 199–210.

Lorde, Audre/Rich, Adrienne (1991): *Macht und Sinnlichkeit*, 3., erw. Aufl., Berlin: Orlanda Frauenverlag.

Lorey, Isabell (2010): »Konstituierende Kritik. Die Kunst, den Kategorien zu entgehen«, in: *Kunst der Kritik*, hrsg. v. Birgit Mennel, Stefan Nowotny und Gerald Raunig, Wien: Turia + Kant, S. 47–64.

Lutz, Helma (2001): »Differenz als Rechenaufgabe: über die Relevanz der Kategorien Race, Class und Gender«, in: *Unterschiedlich verschieden. Differenz in der Erziehungswissenschaft*, hrsg. v. Helma Lutz und Norbert Wenning, Opladen: Leske + Budrich, S. 215–230.

Lutz, Helma (2007): »›Die 24-Stunden-Polin‹. Eine intersektionelle Analyse transnationaler Dienstleistungen«, in: *Achsen der Ungleichheit. Zum Verhältnis von Klasse, Geschlecht und Ethnizität*, hrsg. v. Cornelia Klinger, Gudrun-Axeli Knapp und Birgit Sauer, Frankfurt/Main/New York: Campus, S. 210–234.

Lutz, Helma/Phoenix, Ann/Yuval-Davis, Nira (Hgg.) (1995): *Crossfires. Nationalism, Racism and Gender in Europe*, London: Pluto Press.

Lutz, Helma/Wenning, Norbert (2001): »Differenzen über Differenz – Einführung in die Debatten«, in: *Unterschiedlich Verschieden. Differenz in der Erziehungswissenschaft*, hrsg. v. Helma Lutz und Norbert Wenning, Opladen: Leske + Budrich, S. 11–24.

Lutz, Helma/Herrera Vivar, Maria Teresa/Supik, Linda (Hgg.) (2011): *Framing Intersectionality. Debates on a Multi-faceted Concept in Gender Studies*, Farnham: Ashgate.

Lutz, Helma/Herrera Vivar, Maria Teresa/Supik, Linda (Hgg.) (2013): *Fokus Intersektionalität. Bewegungen und Verortungen eines vielschichtigen Konzepts*, 2., überarb. Aufl., Wiesbaden: Springer.

Lykke, Nina (2010): *Feminist Studies: A Guide to Intersectional Theory, Methodology, and Writing*, New York: Routledge.

Magiriba Lwanga, Gotlinde (1993): »Deutsch, nein danke?«, in: *Entfernte Verbindungen. Rassismus, Antisemitismus, Klassenunterdrückung*, hrsg. v. Ika Hügel, Chris Lange u.a., Berlin: Orlanda Frauenverlag.

Maihofer, Andrea (1990): »Gleichheit nur für Gleiche?«, in: *Differenz und Gleichheit. Menschenrechte haben (k)ein Geschlecht*, hrsg. v. Ute Gerhardt u.a., Frankfurt/Main: Helmer, S. 351–367.

Maihofer, Andrea (1995): *Geschlecht als Existenzweise. Macht, Moral, Recht und Geschlechterdifferenz*, Frankfurt/Main: Helmer.

Maihofer, Andrea (2001): »Dialektik der Aufklärung – Die Entstehung der modernen Gleichheitsidee, des Diskurses der qualitativen Geschlechterdifferenz und der Rassentheorien im 18. Jahrhundert«, in: *Die andere Hälfte der Globalisierung. Menschenrechte, Ökonomie und Medialität aus feministischer Sicht*, hrsg. v. Steffi Hobuss u. a., Frankfurt/New York: Campus, S. 113–132.

Maihofer, Andrea (2002): »Geschlecht und Sozialisation. Eine Problemskizze«, in: *Erwägen Wissen Ethik (EWE)* 13:1, S. 13–26.

Maihofer, Andrea (2014): »Hegemoniale Selbstaffirmierung und Veranderung«, in: *Diesseits der imperialen Geschlechterordnung. (Post-)koloniale Reflexionen über den Westen*, hrsg. v. Karin Hostettler und Sophie Vögele, Bielefeld: transcript, S. 305–318.

Maihofer, Andrea (unter Mitarbeit von Diana Baumgarten) (2015): »Sozialisation und Geschlecht«, in: *Handbuch Sozialisationsforschung*, 8. Aufl., hrsg. v. Klaus Hurrelmann, Ullrich Bauer, Matthias Grundmann und Sabine Walper, Weinheim: Beltz, S. 630–658.

May, Vivian M. (2015): *Pursuing Intersectionality, Unsettling Dominant Imaginaries*, New York: Routledge.

McCall, Leslie (2005): »The Complexity of Intersectionality«, in: *Signs* 30:3, S. 1771–1800.

McWhorter, Ladelle (2004): »Sex, Race, and Biopower. A Foucauldian Genealogy«, in: *Hypatia* 19:3, S. 38–62.

Meyer, Katrin (2016): *Macht und Gewalt im Widerstreit. Politisches Denken nach Hannah Arendt*, Basel: Schwabe.

Moraga, Cherríe L./Anzaldúa, Gloria E. (Hgg.) (1981): *This Bridge Called My Back. Writings by Radical Women of Color*, New York: Kitchen Table: Women of Color Press.

Möser, Cornelia (2013): »Was die Intersektionalitätsdiskussion aus den feministischen Gender-Debatten in Frankreich und Deutschland lernen kann«, in: Kallenberg, Vera/Meyer, Jennifer/Müller, Johanna M. (Hgg.): *Intersectionality und Kritik: neue Perspektiven für alte Fragen*, Wiesbaden: Springer VS, S. 39–58.

Oguntoye, Katharina/Opitz, May/Schultz, Dagmar (Hgg.) (1986): *Farbe bekennen. Afro-deutsche Frauen auf den Spuren ihrer Geschichte*. Mit einem Beitrag von Audre Lorde, Berlin: Orlando.

Pateman, Carole/Mills, Charles W. (2007): *Contract and Domination*, Malden: Polity Press.

Pateman, Carole/Mills, Charles W. (2011): »Contract Theory and Global Change. The Intersections of Gender, Race, and Class«, in: *Sexuality, Gender and Power: Intersectional and Transnational Perspectives*, hrsg. v. Anna G. Jónasdóttir u.a., New York: Routledge, S. 113–126.

Patil, Vrushali (2013): »From Patriarchy to Intersectionality. A Transnational Feminist Assessment of How Far We've Really Come«, in: *Signs* 38:4, S. 847–867.

Philipp, Simone/Meier, Isabella/Apostolovski, Veronika/Starl, Klaus/Schmidlechner, Karin Maria (Hgg.) (2014): *Intersektionelle Benachteiligung und Diskriminierung*, St. Gallen: Dike.

Puar, Jasbir K. (2007): *Terrorist Assemblages. Homonationalism in Queer Times*, Durham & London: Duke University Press.

Puar, Jasbir K. (2012): »›I would rather be a cyborg than a goddess.‹ Becoming-Intersectional in Assemblage Theory«, in: *PhiloSOPHIA. A Journal of Feminist Philosophy* 2:1, S. 49–66.

Purtschert, Patricia/Fischer-Tiné, Harald (Hgg.) (2015): *Colonial Switzerland. Rethinking Colonialism from the Margins*, Basingstoke: Palgrave Macmillan.

Purtschert, Patricia/Lüthi, Barbara/Falk, Francesca (Hgg.) (2013): *Postkoloniale Schweiz. Formen und Folgen eines Kolonialismus ohne Kolonien*, 2., korr. Aufl., Bielefeld: transcript.

Purtschert, Patricia/Meyer, Katrin (2010): »Die Macht der Kategorien. Kritische Überlegungen zur Intersektionalität«, in: *Feministische Studien* 1, S. 130–142.

Raab, Heike (2007): »Intersektionalität in den Disability Studies. Zur Interdependenz von Behinderung, Heteronormativität und Geschlecht«, in: *Disability Studies, Kultursoziologie und Soziologie der Behinderung. Erkundungen in einem neuen Forschungsfeld*, hrsg. v. Anne Waldschmidt und Werner Schneider, Bielefeld: transcript, S. 127–148.

Räthzel, Nora (1995): »Nationalism and Gender in West Europe: the German Case«, in: *Crossfires. Nationalism, Racism, and Gender in Europe*, hrsg. v. Helma Lutz, Ann Phoenix und Nira Yuval-Davis, London: Pluto Press, S. 161–189.

Rendtorff, Barbara (2013): »Ein Wächterbegriff – mehr nicht«, in: *Erwägen Wissen Ethik (EWE)* 24:3, S. 445–447.

Roig, Emilia (2021): *Why We Matter. Das Ende der Unterdrückung*, Berlin: Aufbau.

Scott, Joan W. (1986): »Gender: A Useful Category of Historical Analysis«, in: *American Historical Review* 91:5, S. 1053–1075.

Spelman, Elizabeth V. (1988): *Inessential Woman. Problems of Exclusion in Feminist Thought*, Boston: Beacon Press.

Stryker, Susan/Whittle, Stephen (Hgg.) (2006): *The Transgender Studies Reader*, New York/London: Routledge.

Verloo, Mieke (2006): »Multiple Inequalities, Intersectionality and The European Union«, in: *European Journal of Womens's Studies* 13 (3), S. 211–228.

Walgenbach, Katharina (2005): *Die weiße Frau als Trägerin deutscher Kultur. Koloniale Diskurse über Geschlecht, »Rasse« und Klasse im Kaiserreich*, Frankfurt/Main/New York: Campus.

Walgenbach, Katharina (2013): »Postscriptum. Intersektionalität – Offenheit, interne Kontroversen und Komplexität als Ressourcen eines gemeinsamen Orientierungsrahmens«, in: *Fokus Intersektionalität. Bewegungen und Verortungen eines vielschichtigen Konzepts*, hrsg. v. Helma Lutz, Maria Teresa Herrera Vivar und Linda Supik, Wiesbaden: VS, S. 265–277.

Walgenbach, Katharina (2014): »Intersektionale Subjektpositionen – Theoretische Modelle und Perspektiven«, in: *Intersektionelle Benachteiligung und Diskriminierung*, hrsg. v. Simone Philipp, Isabella Meier u.a., St. Gallen: Dike, S. 73–88.

Walgenbach, Katharina/Dietze, Gabriele/Hornscheidt, Antje/Palm, Kerstin (Hgg.) (2007): *Gender als interdependente Kategorie. Neue Perspekti-*

ven auf Intersektionalität, Diversität und Heterogenität, Opladen: Barbara Budrich.

Winker, Gabriele/Degele, Nina (2009): *Intersektionalität. Zur Analyse sozialer Ungleichheiten*, Bielefeld: transcript.

Wittgenstein, Ludwig (1982): *Philosophische Untersuchungen*, Frankfurt/Main: Suhrkamp.

Yildiz, Yasemin (1999): »Keine Adresse in Deutschland? Adressierung als politische Strategie«, in: *AufBrüche. Migrantinnen, Schwarze und jüdische Frauen im deutschsprachigen kulturellen Diskurs*, hrsg. von Cathy Gelbin, Kader Konuk und Peggy Piesche, Königstein: Helmer, S. 224–236.

Young, Iris Marion (1990): *Justice and the Politics of Difference*, Princeton: Princeton University Press.

Yuval-Davis, Nira (2009): »Intersektionalität und feministische Politik«, in: *Feministische Studien* 1, S. 51–66.

Yuval-Davis, Nira (2013): »Jenseits der Dichotomie von Anerkennung und Umverteilung. Intersektionalität und soziale Schichtung«, in: *Fokus Intersektionalität. Bewegungen und Verortungen eines vielschichtigen Konzepts*, hrsg. v. Helma Lutz, Maria Teresa Herrera Vivar und Linda Supik, Wiesbaden: VS, S. 203–221.

Personenregister

Sachregister

Katrin Meyer ist Titularprofessorin für Philosophie an der Universität Basel und Oberassistentin für Gender Studies an der Universität Zürich. Sie studierte Philosophie, Deutsche Literaturwissenschaft und Kirchengeschichte in Basel und Berlin. 2012 habilitierte sie sich an der Universität Basel in Philosophie. Von 2005 bis 2016 war sie Koordinatorin des interuniversitären Netzwerks Gender Studies Schweiz. Zu ihren Buchveröffentlichungen gehören u.a.: *Macht und Gewalt im Widerstreit. Politisches Denken nach Hannah Arendt* (2016); *Gouvernementalität und Sicherheit. Zeitdiagnostische Beiträge im Anschluss an Foucault* (Hg. mit Patricia Purtschert und Yves Winter) (2008).